9789575470357

藝術叢刊之七

宋代山水畫南渡之研究

倪再沁著

文史哲出版社印行

藝術叢刊 ⑧

宋代山水畫南渡之研究

著者：倪再沁

出版者：文史哲出版社
登記證字號：行政院新聞局局版臺業字〇七五五號
發行所：文史哲出版社
印刷者：文史哲出版社
台北市羅斯福路一段七十二巷四號
郵撥〇五一二八八一二彭正雄帳戶
電話：三五一一〇二八

實價新台幣三〇〇元

中華民國八十年三月初版

R1008

ISBN 957-547-035-4

序　言

有關中國美術史的論著就質量而言，比起西洋美術史實在是相去甚遠，今天，在台灣所能看到的中國美術史，當以蘇立文Michael Sullivan（曾堉翻譯）、高居翰James Cahill（李渝翻譯），及日人鈴木敬（魏美月翻譯）所著較受矚目。一本完備的中國美術史應當由我們自己寫出，這是值得美術史界期待的。我之所以回到中國美術史的領域，只希望自己能爲中國美術史做一些較基礎的工作，所以選擇了一個風格的斷代做爲研究的方向。

「歷史軌跡」一直是我深感興趣的一部份，在西洋現代繪畫的演變中，這個軌跡很清楚的把西方藝術思潮和歷史的關係呈現在我們面前。前些年，我寫了十萬餘言的「現代繪畫的發展」（國立空中大學出版之「東西方藝術欣賞下册」）之後，很想從中國繪畫史中也尋出一些歷史軌跡，原擬做一番「全史」的研究整理，但由於學識譾陋，加上授課煩忙，只好偷懶就手中現成的資料來研究。

這篇論文，有部分資料是引自數年前的舊作——「李唐及其山水畫之研究」，對於「李唐的影響」，由於在肯定與否定之間徘徊已久，才促使我把這個問題擴大，由宋代山水畫的變遷來確定每一個當代畫家的地位，也企圖由此而能對中國繪畫有比較深刻的認識。

遠離學術重鎭的台北，是很難從事研究的，尤以古代中國美術的研究，幾乎離不開故宮博物院，不論畫跡或史料都以故宮最爲齊全，撰寫此文期間經常爲了一個想法就得跑一道台北，所以進度非常緩慢。而身處「藝術史學界」之外，也使我寫來慚汗滿身，深怕書中有太多的謬誤偏失。

中國藝術史的研究在台灣還正在起步，這篇論文實微不足道，但或可做爲建立中國藝術史系的參考資料，則其意義當遠甚於本文所提供的有限知識。

倪再沁　高雄　1990

宋代山水畫南渡之研究　目錄

第一章 緒論

第一節 研究的性質與意義

關於中國美術史的研究，雖然因美術創作與研究的風氣日益膨勃，然「繪畫史這一角園地，依然是草萊不除迄未達到像其他學術現代標準」（註一），其實，歷代有關中國美術史的史料是相當豐富的，然而較缺乏眞正精確的論點，誠如伍蠡甫在「談藝錄」說：

「我們的國畫研究似乎太囿於歷代權威的意見，充其量只不過是這些意見的零星重述，亦即舊材料的累積，不能使讀者看出什麼系統的解釋……他們又喜歡博引過去習用的抽象字眼和批評的濫調，如氣韻生動、筆致高古、古雅、神秘等，而不能進一步比較科學的說明。」（註二）

依伍氏的看法，傳統繪畫研究的缺失在於「材料的累積」而已，而缺乏比較科學的說明。

近數十年以來，傳統繪畫的研究一直在朝向「科學性」的方向發展，但科學的說明要以穩定的資料爲基礎，很可惜中國古代繪畫的原始資料相當不穩定，傳世的古畫大多牽涉到眞僞問題，著錄書的記載也多爲第二手資料的集成，由於原始資料的缺乏和難以審定，使早期中國美術的歷史充滿了疑點。

以往的美術史研究，對於畫史及著錄的記載過於依賴，因第一手資料的缺乏，轉而以二、三手資料來研究，實難免於觀念陳舊，人云亦云的困境，特別是畫作的眞實性受到質疑時，依附於畫作的收藏、著錄、畫史也都跟著出了問題。近數十年來，西方研究中國美術的風氣日盛，新起的美術史家對於文字資料不斷產生疑問，於是轉向繪畫本質的探索，由構圖、視點、組織、筆墨等根本問題著手，企圖以較科學的態度來研究古代中國美術，對於沒有重予科學分析（鑑別）的作品，他們改以「傳范寬」、「傳李成」的方式，或以「無名氏」來記載，以示他們謹愼求眞的態度。

強調畫蹟的眞僞鑑別，確有助於中國古代畫史之研究脫離概略而散漫的格局，然而古代的畫蹟太少，特別是十二世紀以前的作品，許多名家眞蹟早已「無跡可尋」，能留傳至今者，實不及萬分之一，而卻又分散在世界各地，因此，如果要以世所確認的畫蹟來研究宋以前的美術史是很困難的，以極有限的證據來做爲繪畫研究的基礎難免掛一漏萬，甚至出現以偏概全的情形。

由於古代繪畫的資料實在太少，運用間接資料來推斷一些古畫演變的可能性遂成為必要的研究，但後代畫史所載不乏錯誤的資料，因此，選擇較為可信的間接資料以作為有一定效用的推理的基石，仍然是當前美術史研究的重要方法，唯有正確的推論和可靠的畫蹟可以相互印證時，才能避免以有限的片斷去勉強串連藝術發展的繆誤。藝術史研究的價值在於對特殊作品做知識性、學術性的研究，從史實中「發現」藝術的演進變化，進而由藝術發展來反映當時社會意識與文明的特徵。

要在藝術史的既有文獻中有所發現，當有西方學者研究中國美術時的懷疑精神，對於前人的論述，雖然本文採取「考證」的態度，但今天研究藝術史的意義不在於肯定或否定某個時代或作品的藝術價值，而在於把藝術作品放回屬於它的時代裏，看看它所以形成、轉變或沒落的原因，以及歷代評論給予不同的評價的原因，透過藝術作品的審定、風格的探索……，然後對中國美術的傳承才能有比較眞實的認識。

第二節研究的動機與目的

宋代是中國美術史上的黃金時代，無論山水、花鳥、畜獸、佛道人物或風俗畫都達到了發展的頂峯，特別是山水畫，在南、北宋分別發展出迥然不同的兩種代表性風格，由北宋過渡到南宋，山水畫亦由中峯頂立的早期山水畫轉變爲含有暗示性的邊角取景，不論是壯麗堅實的北方山水、抑或水墨蒼勁的秀麗風格，都同是中國山水畫史上難分軒輊的最高成就。

關於兩宋山水畫的研究，一直是藝術史上最重要的課題，也是史家最感興趣的時代，荆關董巨、李劉馬夏、「谿山行旅」、「早春」、「萬壑松風」、「曉雪山行」、「溪山淸遠」，……中國畫史上的大師和名作盡在此時，因而有關的分析、比較和研究可謂車載斗量，無數新而充實的史料及研究已爲兩宋繪畫史提供了較爲客觀正確的觀點，然而，在兩宋山水畫的畫史中，對北宋末與南宋初許多横跨兩宋的繪畫風格較少研究，史家多把研究重點放在風格之「變」，而忽略了風格之「同」，由於這種先入爲主的觀念所影響，以致於這一段畫史較缺乏深入的分析和研究。

以作爲北宋轉移到南宋的過渡性風格—「青綠小景」爲例，它並沒有得到應有的重視，甚至於它居於兩個不同畫系間的折衷風格、不同時代的關鍵地位也被畫家李唐所取代了，幾乎有關的論述都把山水風格轉變的重任交付在李唐身上(註三)，把風格轉變的背景歸於政治地理環境的變遷，而「青綠小景」似乎只是北宋末或南宋初一時一地的特殊風格。其實，「青綠小景」的出現應該和每一時代的繪畫一般，它是山水畫反應時代、社會時必然出現的風格。「青綠小景」之出現，也是山水美學上居於「承先啓後」的重要關鍵。它是中國文化，藝術向南過渡時的特定風格。

宋代的「青綠小景」在時間和地理跨越了南宋和北宋，其風格之成熟早在南渡以前就完成了，現今爲數衆多的宋代小景畫有時很難分辨它們的年代是南宋或北宋，證明了這樣的風格不能因靖康之亂或南渡而可以一分爲二的。

藝術風格的誕生，實包涵了許多複雜的因素，它和政治、經濟、社會與文化的發展有著必然的關聯，藝術風格不是可以突然生成或轉變的，它是逐漸演化而來的，當然，它也不會是某一個畫家自覺創造的產物，而是多數畫家並不自覺的共同傾向。

如果院體風格的作品足以代表北宋末到南宋初山水畫最主要的風格，那麼兩宋之際山水畫最具普遍性的風格正是「青綠小景」，它在北宋堅實的風格中注入詩情，也在色彩的強調中滲入了水墨渲染，它作爲那個時代的典型可能比李唐、米芾等更具代表性，沒有小景風格的出現，中國山水畫發展的另一高潮就不會出現。

既要工細，又要求寫意、既要華麗、又要求雅緻，這樣兩極化的追求，在藝術創作上是矛盾而難以調和的，但卻在宋代的小景畫中出現了，依水墨畫創作的角度而言，這樣綜合的風格是複雜的、困難的，而且是極重要的，它的進一步研究，對宋代山水畫史必將有積極的意義，而由此擴充，我們可以追索出整個宋代山水畫變遷的軌跡。

綜合以上動機，研討兩宋山水畫之風格，將朝幾個方向去探索：

㈠、由政治、經濟、文化等變遷，來做爲宋代山水發展之佐證。

㈡、由宋代山水畫之發展大勢，循出山水畫風格變遷的原因。

㈢、從史料及畫跡中探索各流派的背景及藝術之傳承。

㈣、由對趙大年、李唐等的檢視，探討馬夏風格之來源。

第三節　研究範圍與方法

本文定名爲「宋代山水畫南渡之研究」，根據研究動機與目的所示，研究範圍以南北宋爲主，以時間來分，由西元九六〇年開始（宋太祖開國）至西元一二七九年（帝昺），研究的重點集中於北宋中葉的李郭畫系到南宋中葉的馬夏山水。

宋代繪畫風格之變異，包含了山水、花鳥、蟲魚、人物……等不同題材，而本文之範圍僅止於山水畫，而重點在於南北宋之際的風格傳承。

本文之研究，擬以客觀之態度搜集可靠的史料，並以分析比較的方式，比對與本文有關的宋畫做爲佐證，因此，歷代有關宋畫的著錄雖多，而本文僅選擇距宋代較近的史料爲研究時之參考依據，如此可以避免在歷代浩翰的著錄文字中做不切實際的空談。

有關本文的宋畫，如未經學術研究後確認的作品，本文儘量避免引用，或做爲「反面的」舉證，這是抱着「拒絕一張假畫、即是獲得一幅眞畫」的態度，並希望能將古人的作品「還我以本來的面目」。

文本研究的對象是宋畫，由於鑑別宋畫的眞僞，實在是一門深奥的學問，有些則因史料不足而無從研究與鑑定，因此對於歷史文獻的敍述與解釋是主要的工作。本文採取下列研究方法：

㈠、解釋方法：將宋代的畫史及有關評論蒐集考證後，加以解釋其中關鍵性的概念，以理解其所代表的眞正涵意，推斷這些涵意的意向，以便由有限的文字資料來把握宋代繪畫發展的脈絡，本篇各章部中均以此方法爲基。

㈡、分析比較法：透過對著錄文字的理解後，本文以分析比較的方法分辨其異同，以判斷每一史料的眞正意義，而本文所採用之圖錄，依年代之先後、風格之差異，逐一分析、比較，以探討作品在美學上及時代上的意義。

㈢、綜合歸納法：不同的作家、作品、風格之間，找出它們的相同相異之後，歸結在不同的範疇內，將同類者滙集、理出其緒，歸結爲流派，再將各流派串連爲一合理的發展。

註釋

註一：李霖燦著「中國畫史研究論集」商務印書館、一五九頁

註二：伍蠡甫著、「談藝錄」、商務印書館、二十六頁

註三：見、元饒自然「山水家法」、「南宋院畫錄」、卷六、一一九頁，見馬遠條。明、陳繼儒、「妮古錄」見夏珪條，同上書、卷七、一三五頁

第二章　宋代政、經、文化的南移

「我國古代的理論家們認爲，文藝作品的風格、流派儘管千姿百態，風格的類型儘管多種多樣，然而，如果從更高的美學層次概括，又不外乎是兩種不同型態的美：一是陽剛之美，一是陰柔之美。」【註一】。中國自古幅員遼濶，長江大河，限絕南北，藝術風格顯見南北地區的差異。李延壽在〈北史、文苑傳〉中說：

「…江左宮商發越，貴於淸綺；河朔詞義貞剛，重乎氣質。氣質則理勝其詞，淸綺則文過其意……。此其南北詞人得失之大較也」。【註二】

李延壽所說的這種南北文風不同的狀況，可從現存的南北朝民歌中得知。「大抵北朝民歌顯得剛勁質樸，南朝民歌在於輕綺婉約。」【註三】

民國初年的劉師培在〈南北文學不同論〉中，把自〈詩經〉至淸代的作家作品劃分爲南北兩派，從地理條件所引起的民俗、語言的差異闡明彼此風格的區別，他指出：

「大抵北方之地，土厚水深，民生其間，多尙實際。南方之地，水勢浩洋，民生其際，

多尙虛無。民崇實際，故所著之文，不外記事，析理二端。民尙虛無，故所著之文，或爲言志，抒情之體。」【註四】

劉師培的看法，說出中國古代文化風格之地域差異和文體差異的關係。然而，隨著社會文明的日益發展，南北交通的日益發達，南北文化的區別不是在日益發展，而是在日益泯滅。如果說南北朝時期彼此是異多同少，異中有同，那麼明淸之後，顯然是同多異少，同中見異。如果說南北朝時期北方文化較南方爲盛，那麼元明之後，顯然是南方文化主宰了全局。南北文化之融合或地位之轉變，其關鍵時期就在兩宋，而且，此一南北消長的狀況，不僅限於文學與藝術，在政治、經濟、哲學……各方面都有著一致的發展，也因而產生了相互的影響。

第一節 南北政、經情勢的轉變

隋唐以來，中國經濟重心已開始了南移的過程，到了中唐以後，南方已是唐帝國經濟重心的一部，宋太祖的統一戰爭，先取南唐、吳越、荆南、湖南、南漢、後蜀，目的就是在歸併當時四川、荆、廣、江南等關係全國命脈的財富之區，以爲北宋統治權的鞏固基礎。

自中唐以來，封建政府憑藉剝削東南來供應西北，對北方生產遂採消極的態度，使北方農村日漸凋敝，生產瀕于荒廢。「以關中地區的鄭、白渠爲例：秦漢時兩渠溉田四萬四千五百頃，到唐朝大曆初只得六千二百多頃。」【註五】，到了北宋，國家根本實依賴東南，南方農業的發展，遂成爲支持北宋政權的後盾，於是，「政府努力實行了發展生產的政策，人民辛勤勞動的結果，使南方農業生產在唐末五代基礎上，進一步發展起來。北宋時的南方，號稱土地肥沃，而物產豐富」。【註六】除了農業生產之外，各種手工業也很發達，而日用品的種類，也是豐富而多釆的。

就南北地位的升降來說，北宋時南優北劣的局勢已經形成。當南方經濟繁榮之後，南方地主階段的地位也相對的提高了，伴隨經濟而來的就是政治勢力的積極取得，由於南方地主階層的逐漸在政治上嶄露頭角，不免引起了北方政治集團的對抗，隨著南方經濟日益發達，這種對抗也就日益尖銳。「原來在政治上佔優勢的北方士大夫，到北宋晚期便退居次要地位，同時隨著南方經濟力量的增長，南方地主階級逐漸抬頭，終於攫取了政治上的優勢地位。因此這個鬥爭發展的過程，也就是南方地主階級抬頭的過程」【註七】，同時也是貫穿整個北宋黨爭的過程。

宋代的黨爭幾與國祚相終始，所謂新舊兩黨，幾乎可以劃分爲南北兩集團。宋初由於太祖得位於北方群雄的擁護，因此即位以後，所有將相和大官僚的任用，幾乎全是北方人，「直到眞宗用王欽若（臨江人）、丁渭（蘇州人）作相，才打破南人不作相的傳統。正因爲南人勢力的勃興，原來把持政權的北方權貴，便爲了維護自己的特權而起來反對，這樣就形成了兩個地主集團的尖銳矛盾。【註八】

仁宗時的「慶曆黨議」，是以呂夷簡（壽卅人）和范仲淹（蘇州人）爲首，壽卅近中原，呂氏代表的是北方權貴階級利益，而范仲淹乃晏殊（撫卅人）所提拔，朝士余靖、歐陽修、蔡襄等南人皆黨於范氏，這次黨爭，前後歷二十年。英宗時亦有兩次黨爭；一次是追奠英宗父濮王的禮議，以司馬光（陝州人）和歐陽修（江西吉安）、曾公亮（泉州人）爲首的南北集團又展開了激烈的政治鬪爭；一次是爲貢院逐路取士而起的爭議。由於南人在進士科考中取得絕大優勢，北方權貴便極力爭取採用分區取士制，企圖保障北方進士的名額，而南方集團則力主保持原狀，此一爭議充分暴露了南北兩派爭取參政權的企圖。

在仁宗、英宗時，士大夫已有意氣用事、黨同伐異的弊端，而王安石的變法更使南北利害衝突加深。王安石變法中，免役、均輸等法，有利於南方，北方則覺其害，保甲、保馬推行於黃河以北，北方人民嫌其擾，南方無關利害。所以反對新法者大都爲北人，而王安石所屬「新黨」多屬南人，以致變法運動的爭執，又同時變爲南、北集團間的爭執了。由「舊黨」攻擊「新黨」所持理由中更充分證明此一事實。如司馬光對神宗說：

「閩人狡險，楚人輕易，今二相皆閩人，二參政皆楚人，必將援引鄉黨之士，充塞朝延，風俗何以更得淳厚？」【註九】

又說：

「臣與安石南北異鄉，用舍異道。」【註十】

劉摯也對神宗說：

「臣東北人，少孤獨學，不識安石也。」【註十一】

而邵雍之子邵伯溫對南人更是深惡痛絕。由此可見，南人政治地位的擴大，給北方士大夫帶來了極大的威脅，兩派鬥爭終至愈演愈烈。

哲宗即位，高太皇太后聽政，任用司馬光等舊黨執政，北入遂獲重用，待哲宗親政，恢復新法，「新黨」再被起用，南派人物得勢，專以報復爲能事，甚至欲毀司馬光的〈資治通鑑〉。徽宗建中靖國時期，曾以調和新舊兩黨作標榜；但崇寧以後蔡京擅權，「北派」備受打擊而一厥不振，就徽宗年代重要人物的活動來看，北宋晚年，南方士大夫在政治舞台上已完全佔了上風，此正如陸游的「選用西北士大夫劄子」所說：

「伏聞天聖以前，選用人才，多取北人，寇準持之尤力，故南方士大夫沉抑者多。仁宗皇帝照知共弊，公聽並視，兼收博采，無南北之異；于是范仲淹起於吳，歐陽修起於楚，蔡襄起于閩，杜衍起於會稽，余靖起于嶺南，皆一時名臣。……及紹聖，崇寧間，取南人更多，而北方士大夫有沉抑之嘆」【註十二】由此可知，不待宋室南渡，南人在北宋即已獲得絕對的優勢，到了南渡以後，則幾乎盡是南人的天下了。

第二節　儒學的南傳

從魏晉南北朝開始，佛道日益壯大，唐代韓愈、李翺之後，儒學漸有復興現象，到了宋代，回歸先秦儒家精神泉源的呼聲日益壯大。「宋初儒者，懲於唐末五代夷狄交侵之危局，人倫敗壞之世風，因此特別講求夷夏之防及人倫之義，這種趨勢反映在當時的經學研究之上。」【註十三】著名學者如胡瑗、孫復、石介等都順應時代共同的要求，極力宣揚倫理本位的儒家思想，宋初儒者頗有開闢之氣象，如胡瑗之道德，歐陽修之文章，范仲淹之氣節，他們達而在朝，窮而在野，此乃宋初儒學所謂明體達用之最要標準，「然而無論道德文章氣節政事，會宗歸極，仍必歸宿到幾個基本的思想與理論上來」，【註十四】這就轉入了宋學之第二期。

初期宋學，首當注意者是儒學之重振，兩漢教育，重在經籍，博士講經，僅知章句家法，偏重訓詁字義，東漢儒學之衰在此，經學中之微言大義，應從人生實際事物著眼，不在書本章句訓詁上，初期宋學特徵，即其精神處是在實際人事，儒學從此走上正路。對於完善心性的理論與其工夫所在，北系孫復，石介一支對此似少討論，南系胡瑗一支，則有較多的接觸。但理學的重要觀念此時仍未能具體提出。

錢穆在「初期宋學」中論及：

「今若隨宜劃分周邵張程爲第二期宋學，則初期二期之間，顯有不同。初期氣魄濶大，二期思想較深密。……。只荊公議論入細，已接觸到二期思想上的主要問題。」【註十五】

與王安石同時或稍早，還有歐陽修、司馬光，他們的思想體系與初期宋學已不同，乃成爲在初中兩期宋學的夾縫中人物。

歐陽修以文章名世，「而歐陽之於經術，尤多達見，疑易傳，疑河圖洛書，疑春秋三傳。於僞說亂經，申駁不遺餘力，直有百世以俟知者之概。此見歐陽之於宋初，實已邁進了一大步。而歐陽修不喜談心性，並於中庸多致疑難。……。故歐陽實是初期宋學中一位氣魄寬大，識解明通，而又鬆秀可愛之人物。」【註十六】

王安石以政治改革名世，其哲學體系在宋學中亦有相當大的影響，他認爲萬物是由「道」產生的。道的本體是物質性的元氣，分化爲陰陽，然後具體化爲金、木、水、火、土。由這五種物質元素不斷變化而形成萬物。王安石說：「天下之變無窮」，不能迷信災異，從唯物主義的自然觀出發，他批判老子的無為論，反對墨守舊制度。在認識論中，「他主張可知論，認為『可視而知，可聽而思，自然之義也』。他又強調人的主觀能動作用，認為『視而使之明，聽而使之聰，思而使之正，皆人也。』這是他認識論中的唯物主義因素。」【註十七】但在感性直觀和理性思維的關係上，他誇大了理性思維的作用，而認定超感覺的「致一論」，他說：

「萬物莫不有至理，能精其理則聖人也，精其理之道，在乎致其一。致其一，則天下之物可以不思而得也。」【註十八】

他認為聖人能通過「致一」而達到精通「至理」（入神）的境界，此時即可「無異而為，寂然不動」而掌握萬物，這種企圖跨過感性直觀而僅以「至理」去完成認識的方法，可以說也是一種超感覺的唯心主義認識論。因此，他的認識論實動搖於唯心主義和唯物主義之間。

無論王安石、歐陽修或司馬光，都同樣看重實際事業，不致德業分途，此乃與初期宋學同一精神，由釋返儒，由出世思想轉回淑世主義，看重社會人群的福祉，這是他們的共同方向，但歐陽修、司馬光未能將心性事業融成一片，而王安石「分辨王覇、並非輕蔑事業，並非把德業分途，只有照荊公意見，始能把事業價值提高，始能將事業與道德神聖融成一片」【註十九】他說「從心地上建本，出世入世，由此綰合。」【註二十】，故初期宋學以王安石最爲卓出。但自王安石變法失敗，繼范仲淹慶曆變法失敗以來，學者們漸能從初期宋學之重視人事方面轉而到更深微之心性方面去。

第二期宋學之特徵，乃從心性本體最先源頭上厚植基礎，北宋五子之中，以邵雍的生年最早，他比周敦頤大六歲，然而學者都認同周敦頤爲理學的開山者，更以周子繼承孟子，延續了儒家的道統，把邵雍擠在儒家道統之外。其實，「康節於象數之外實別有見地，其得力在能觀物，……康節乃擻脫了人的地位來觀物者」。【註二十一】

邵雍有〈觀物內外篇〉，謂：

「道爲天地之本，天地爲萬物之本。以天地觀萬物，則萬物爲物。以道觀天地，則天地亦爲萬物。道之道盡於天，天地之道盡於萬物，天地萬物之道盡於人。人能知天地萬物之道所以盡於人者，然後能盡民也。」【註二十二】

錢穆在「濂溪百源橫渠之理學」謂：

「此言盡民，猶孟子言盡性，中庸言盡人性，皆是不違自然之人本位主義。是康節乃以道家途徑而走向儒家之終極目標者。此復與朱子之格物窮理有向差別。」【註二十三】

邵雍又謂：

「夫所謂觀萬物者，非目觀之，觀之以心也。非觀之以心，觀之以理也。聖人所以能

一萬物之情者，謂其能反觀也。反觀者，不以我觀物，以物觀物之謂也。既能以物觀物，又安有我於其間哉。」【註二十四】

「以物觀物，性也。以我觀物，情也。性公而明，情暗而偏」。【註二十五】

由此可知，邵雍之觀物，乃是一種客觀，乃以我融入物中，我亦一物，而物亦一我。以我觀物必將陷於主觀，是具有「情」的成份，他主張客觀的觀物方式，否定主觀的「情」之作用，換句話說，在「無我」的狀況下才能眞正觀察事物的眞相。因之「任我則情，情則蔽，蔽則昏矣。因物則性，性則神，神則明矣」【註二十六】。

以張載爲代表的「關學」，特點是注重實際，講究實用。(宋史)說張載「學古力行，爲關中士人宗師」【註二十七】，學古，是指他與魏晉隋唐的玄學、佛學虛妄空談之風相悖，而繼承了古代篤實的學風；力行，是指他身體力行，不尚空談。關學弟子多從事經世致用之學，連二程兄弟也說：

「關中之士學而及政，論政而及禮樂兵刑之學。」【註二十八】

張載的學風，與唯心主義中的濂溪、洛學、閩學各派恰好形成鮮明的對照。

魏晉以來，玄學和佛教都提出了唯心主義的本體論，力圖在現象世界之上、之後、之外，去尋找一個主宰天地萬物的精神本體，把它作爲宇宙的最高本源。而張載極重自然科學，他提出「太虛即氣」的命題，認爲宇宙間（太虛）充滿著無形的氣，這種物質性的氣聚合而成萬物，他認爲氣只有聚和散，並無生和滅。有形的東西是氣的聚合，無形而不可見的東西就是氣的擴散，他反對佛老的虛無主義思想。因爲，世界上根本不存在什麼「虛無」的精神本體，宇宙萬物的主體只能是物質性的元氣，它的基本形態就是無形的太虛之氣，張載把不可見不可即的「太虛」歸諸物質概念以內，這就更加深刻地反映了物質的客觀實在性這一本質屬性。

周敦頤、二程及朱熹一向被視爲理學正統。有些學者認爲，二程年少從周敦頤遊，但周子時年三十，而〈太極圖說〉及〈通書〉皆應在後，所以其後二程所得，實不由於周敦頤；而二程一向不甚推崇周子，更證明了二程並未直接濂學的傳統。錢穆在「周程朱子學脈論」一文中則指出：

「此四家思想，雖有小異，仍屬大同」。

「則二程之學，確是受濂溪之絕大啓發無疑」。【註二十九】

錢穆並舉程顥〈定性書〉，指出大程早年思想，實源於周子〈太極圖說〉主靜立人極的意見，「而濂溪接見二程時，其學已定，雖未有通書及太極圖說之著作，然敎二程尋孔顏樂處所樂何事，則所學方向端的已定，其主靜立人極之意殆已成立」。【註三十】「只從此一大條理，便可把周程朱子四家思想綰成一線。但若說濂溪主靜，亦有動的一面，故曰志伊尹之所志，學顏子之所學，而二程對伊尹所志一面似疏了」。【註三十一】

周敦頤雖言「志伊尹之所志，學顏子之所學」，但他敎二程「尋孔顏樂處所樂何事」，正點出學問在人生尤先於在政治之明訓。這是周敦頤與初期宋學所不同者。

錢穆於此有很深的見解，他說：

「唐代恢復兩漢之治統，惟道統則仍不在儒而在釋。中經五代喪亂，宋儒所求恢復者，不僅漢唐之治統，更主要者，在孔子以下儒家之道統。然如歐陽永叔之本論，以及慶曆熙寧之變法，先急仍在上層政治。濂溪沉淪下僚，迹近隱逸，多親方外，其注意力乃更偏於人生方面。其運思爲學之主要對象，爲老聃與釋迦。所爭在人生哲學之領導權，而上層政治制度，轉居次要。以此遂成此下理學所興之開山，而被認爲宋學之正統。」【註三十二】

「明道在熙寧時，屢上書論政，又曾助荆公推行新法，此仍是前期宋儒意態。後始轉變，一意在人生問題上作研討。『故二程兄弟聞周茂叔論道，遂厭科舉之業。此是學術意態與途轍上之一大轉變。』孔子讚顏淵，用之則行，舍之則藏，濂溪二程之學顏子，蓋尤重在舍之則藏之一面，……故濂溪二程論學，終不免近似消極，」【註三十三】

二程思想的精華在「天理」，「理」作爲一個哲學範疇，在先秦時就已經提出來了。它具有事物的規律和常則的涵義，事物的「理」是從具體的特殊的事物當中抽取出來，是從現象中昇華出來的本質。而二程把「理」當做是離開具體事物而獨立存在的本質，這個「理」實際上只是一個純粹的抽象觀念，它是先於宇宙萬物而存在的實體和本根，天地萬物都由此生出。二程的哲學思想都是唯心主義的，但有主觀唯心和客觀唯心的歧異，南宋朱陸思想的淵源和繼承，和二程的思想歧異是分不開的。

二程的門生相當的多，謝良佐，楊時、呂大臨是比較著名的。謝良佐的思想，雜有道家和禪宗思想，呂大臨主張「虛明純一」，頗有程顥的氣象，楊時爲程顥的得意弟子，他回家時，程顥目送時說「吾道南矣」，楊時對北宋末的學述思想有相當的影響力，他曾上言請降旨以王安石的學說爲邪說，學者稱之爲龜山先生。〈宋元學案〉的〈龜山學案〉說：

「……二程得孟子不傳之秘于遺經，以倡天下，而升堂覩奧，號稱高第者，游楊尹謝呂其最也。故諸子各有所傳，而獨龜山之後，三傳而有朱子，使此道大光，衣被天下，則大程道南目送之語，不可謂非前識也。」【註三十四】

楊時的理學思想，不僅出於二程，而且也沒有出乎二程思想的範園，祇是把二程的思想混合兼併，並採取了佛道的某些觀念，他所傳的，主要是理學家「默坐澄心」的修養方式。

北宋末除「洛學」外，還有蘇東坡的「蜀學」和胡安國的「湘學」，「湘學」亦理學一支，與「洛學」是脈絡相承，而「蜀學」不是專於理學的學派，「蜀學」學者以談禪相尙，也講求道教方式。「蜀學」學者常把道家和佛家的思想相混，善談老莊的宇宙變化，自然而生自然而死。蘇東坡雖亦儒者，但在思想中却常透出擺脫人事的覊絆，獲取心靈解放的欲求。

現代學者對於宋儒所建立的思想體系，有稱之為「理學」、「心學」，或「新儒學」者，如果依宋學的演變來看，初期宋學仍應稱爲「儒學」，雖學者多屬北人，但胡瑗講學於蘇州、湘州，弟子一千七百人遠勝於孫復之於泰山，可知宋學發展初期，南方已有所傳。仁宗以來，宋學才步入「理學」的新階段，邵雍、張載皆出生於北方，他們的學說本不下於周敦頤的「濂學」，但在北宋末已漸衰微，至於「洛學」雖出於北方，但與「濂學」均長於「唯心主義」，所以「洛學」的流傳流入南方的遠較北方爲盛，北宋末洛學分傳狀況如下：⑴入秦：呂大臨（京兆人）等。⑵入楚：謝良佐（蔡州人）等。③入蜀：謝湜（懷安人）等。④入浙：周行已（溫州人）等。⑸入閩：楊時（南劍人）等。可以說，北宋末年的理學幾盡歸於「南宗」了。

綜觀北宋理學之發展，張載、王安石等都未能建立起嚴格意義上的唯物思想體系，而二程則比較自覺地建立了完整而系統、更富哲理的唯心主義思想體系。張載、王安石未曾對二程的「唯理」學說表示異議，然而二程却十分明確地反對張載等人某些「唯物」的觀點，可知理學由「唯物」走向「唯心」實是宋學必然的進程。

宋學之演進，由人事而心性，由積極而消極，由外而內，由儒而禪，南宋朱熹雖集理學之大成，實理學之進展在北宋中葉之後，在第二期宋學中已清楚顯現了它的方向。

第三節　文學的南化

宋初流行於文壇的詩文，是以李商隱爲宗，極盡雕鏤之能事的西崑體，代表人物爲楊億、劉筠與錢惟演。當西崑體風行天下時，亦有一些頗富文學思想的文人，帶著嚴肅的態度，創造出和西崑體完全相反的作品，如柳開、王禹偁、范仲淹諸人的古文，寇準、林逋、魏野諸人的詩，他們以平淺質樸之散體說理記事，或以淸眞平淡之音律，表現江湖處士田園隱逸的生活情調，一掃西崑臺閣體的富貴氣與浮艷風，而歸於質樸無華不事虛語的眞實之境。

柳開等人的反西崑體，並未在當時文壇造成有力的運動，直到石介等宋儒將文學與道統聯繫起來攻擊楊億後，西崑體的聲勢才漸衰微。此後，質樸實用和平白如話的詩文，替代駢文和艷詩的地位，「明道」、「致用」，一躍爲主體，文學只是「道」的附庸，「文章爲道之筌也」可謂宋儒共同的口號，爲了要達到明道的目的，便產生了「文惡辭之華於理，不惡理之華於辭」的重質輕文的主張了。

韓愈、柳宗元的推尊，就是在「明道」、「致用」成為文藝的最高準則後。提倡古文的文人大多是理學家，他們的理論雖有力量，但在創作上並沒有多大的成績，對當日的文風，並不能有決定性的扭轉，眞正能復興韓、柳的功業，一掃西崑頹風建立唐宋八家地位者，不能不歸之於歐陽修了。

歐陽修在轉移風俗與改革文學兩方面，確有不朽的功績。道學家的文學觀，是從韓柳而走到文學無用論和載道說的極端，他們的議論，全都是屬於文學的內容與意識方面，從未觸及有關形式及表現上的問題，把美與藝術的意義與價値，一掃無餘；然而歐陽修之文學，雖也以「明道致用」與學者相應，但他仍有文道兼營，兩者並重之意，而到了三蘇，已有文質並重的傾向，蘇東坡論文，其風格與氣勢絕不在內容與道之下。

眞正能代表宋代文學靈魂的是詞，它是君王貴族的娛樂品，文士詩人的藝術品，青樓妓女的歌曲和民間的樂府歌謠，宋詞的普遍和發達，不是文學和詩所能比的；宋詞之興，緣於詞體本身之發展，詞是承詩之衰敝而新起的體裁，它具有唱詞的實用功能，又符合宋代極度繁榮，蓄妾挾妓的浪漫生活情調，再加上君臣上下的提倡，詞起于中唐到了宋代，終於取代了舊詩的地位。

宋初詞壇，質量都很貧弱，大約要到仁宗時才顯出新的氣象，寇準、韓琦、晏殊、宋祈、范仲淹、歐陽修等聞人的詞，仍受南唐詞風的影響，但已有一種華貴雍容的大家風度，雖也纏綿華麗，却不輕薄淫艷，反應出特殊階級的那種溫和含蓄的情緒。

隨著城市經濟的極度繁榮，詞風也隨之轉變，張先、柳永皆喜用舖敍的方法，表現現實世界中男女逸樂心理的反映，尤以柳詞擅用樸素通俗的詞句，寫出太平盛世的風貌和都會生活的迷戀，這正是都市社會中通俗文學的典型，也唯有這樣的情調，才能受到群衆的廣泛愛好，據說當時凡有井水處，都能歌唱柳詞，宋詞至此，才算是渭然成風，最重要的是在作風上，已由意象的，含蓄的而變成直敍的、寫實的。

北宋後期的重要詞人，首推蘇軾，在他以前的詞，範圍小限制嚴，到蘇軾始擴大詞境，他以豪放飄逸的作風代替婉約與柔靡，一掃以往的哀怨與細膩，他「弔古傷時，悼亡送別，或說理詠史，或寫山水田園，或自傷身世，內容廣泛，情感亦隨之複雜。因他那種高尚的人格，豐富的學問，和曠達的人生觀，融和混合，形成他那種豪放飄逸的風格。這一種風格，是他的散文詩詞和書法所共有的。」【註三十五】蘇軾才氣高、範圍廣、境界大，所以能突破時代的限制，成爲詞壇的異數。

北宋末的詞壇正宗並非以氣魄品格勝的蘇軾一派，而是以秦觀開始，由周邦彥集大成的格律詞派，「在秦周一派人的詞裏，是注重音律，精鍊字句，表情以婉約爲宗，措詞以雅正爲主。所以他們有南唐的風韻，而無其單調與狹小，有柳永的鋪敍方法、艷情描寫，俗語與長調的使用，而無其粗淺卑俗，有東坡作詞的態度，和詞中的個性，而無其放肆與大膽。因此，他們的作品，時時有南唐、柳永、蘇軾的面影，而又不能專屬於任何一派。前人評論詞，以秦周諸家爲正宗詞派的代表原因就在這裡。」【註三十六】

格律詞派的特徵，首在形式，北宋中的慢詞，在音律字句方面，尙未達到完整嚴格的階段，即令同調之詞，字句長短常有不同。到周邦彥出，審音調律，而達到律度嚴整的完成。

格律詞派在表面上，是刻劃與寫實重於意象與神韻，以畫比擬，是重工筆而輕寫意，他們的詞，「沒有柳水的通俗與粗野，也沒有蘇軾的放縱與飄逸。」【註三十七】彷如筆筆勾勒，字字刻劃，句句鍛鍊，「形成一種精麗工巧的古典作風，完全脫去了柳蘇詞中那種浪漫的風格。」【註三十八】因此，他們歡喜用事，來增加他們作品的典雅氣，歡喜融化改用前人的舊句，來增加字句的鍛鍊美。故「陳質齋云：『美成（周邦彥字）多用唐人詩語，隱括入律，混然大成。』這話是不錯的。」【註三十九】

格律詞派的內容，未能繼蘇軾廣濶的詩境，而多爲寫景詠物之作。如悲秋、春閨、秋暮、晚景、閨情、秋懷、閨怨、春恨、訪月、訪情、訪雪等等的題目處處皆是，這些作品多非表現性情思想的作品，而只是表現藝術技巧的作品，「然因其律度嚴整，字句工麗，適於詞人的模擬學習，因此這一類詞，最得人的重視與驚嘆。【註四十】

字句的鍛鍊，音調的和諧，格律的嚴整，鋪敍的詳贍，刻劃的工細，舊句的融化，周邦彥、萬俟詠、晁端禮，田爲，晁仲之諸人，他們都是大晟府的製撰官，他們以宮廷詞人的地位，成爲格律古典詞派的建立者。到了南宋、姜夔、史達祖諸人皆承繼這個路線，極盡雕琢刻劃之能事，造成格律古典詞派的大盛。

朱彝尊的「詞綜發凡」說：

「世人言詞必稱北宋，然詞至南宋始極其工」。【註四十一】

其實，南宋工細精麗的詞風早在北宋末期即已出現，而詞境的轉變，張先、柳永、蘇軾等人皆爲重要的關鍛人物。「東南之俗好文，故進士多而經學少，西北之人尙質，故進士少而經學多【註四十二】，北宋詞人，除初期寇準、韓琦少數外，晏殊、歐陽修、張先、柳永、蘇軾、黃庭堅、秦觀、周邦彥等，絕大多數都是南人，詞境細膩、精麗、優雅風格的出現實不在南渡以後，早在北宋末就已出現了。

結　語

從南北政、經形勢的轉變，理學的南傳，以及文學的南化等事例可知，中國歷史一直以北方爲中心的時代，在北宋中葉時就逐漸步入南盛北衰的新局面，這種轉變隨著政治中心的南移，中國歷史就完全進入南盛北衰的階段，造成中國歷史重心南移的因素很多，而且互相牽連，相互影響，正確的說，造成歷史重心南移的根本原因就是歷史規則本身。

兵車弓刀的邊塞生活早已遠離，淺斟低唱，車馬宴遊的生活取代了邊塞立功的壯志，文臣學士，墨客騷人在宋代取得了空前未有的地位，郁郁乎文哉的宋代文人使中國文化由外在追逐轉向內在靜觀，唐代感官上的繁華絢爛終將褪下，換上宋人意境淡遠的情思。如此看來，中國文化的南移是特定時空下的歷史進程；繪畫當然也不能例外，山水畫終於要取代人物畫而爲繪畫的主流，在這樣一個時代，青綠的、裝飾性的山水畫，注定要轉向水墨的，更爲主觀敍情的文人繪畫。

註釋

註一：見曾祖蔭著：「中國古代美學範疇」，丹青出版社，三八七頁。
註二：同註一，二七七頁。
註三：同註二。
註四：同註二。
註五：見「通典」，一七四頁。
註六：見張家駒著，「兩宋經濟重心的南移」，帛青出版社，八頁。
註七：同註六，一二六頁。
註八：同註六，一二七頁。
註九：見「宋史記事本末」，三十七」。
註十：自邵伯溫「邵氏見聞錄」一一。
註十一：同註九。
註十二：見「渭南文集」三，「選用西北士大夫劄子」，轉引自張家駒著「兩宋經濟重心的南移」，帛書出版社，一三三頁。

註十三：見錢穆著「中國學術思想論叢」、「初期宋學」，東大出版，五頁。

註十四：同註十三。

註十五：同註十四，十三頁。

註十六：同註十四，五頁。

註十七：見朱瑞燕著，「宋代社會研究」，弘文館出版社，一七七頁。

註十八：同註十七。

註十九：同註十七，九頁。

註二十：同註十七，九頁。

註廿一：同註十四書。見「濂溪百源橫渠之理學」，六十頁。

註廿二：同註廿一。

註廿三：同註廿一，六十一頁。

註廿四：見「皇極經世」，觀物篇。

註廿五：同註廿四。

註廿六：同註廿四。

註廿七：見方克立著「中國哲學小史」，木鐸出版社，二〇五頁。

註廿八：見二程粹言，「論學」，引自「中國哲學小史」，木鐸出版，二〇六頁。
註廿九：同註十四。見錢穆著，「周程諸子學派論」，一八二頁。
註三十：同註廿九，一八七頁
註卅一：同註廿九，一九〇頁。
註卅二：同註廿九，一九七頁。
註卅三：同註廿九。
註卅四：見宋元學案「龜山學案」。
註卅五：見「中國文學發達史」，中華書局，五九五頁。
註卅六：同註卅五，五九九頁。
註卅七：同註卅五，六〇七頁。
註卅八：同註卅七。
註卅九：同註卅七。
註四十：同註卅五，六〇八頁。
註四一：引自張家駒著「兩宋經濟重心的南移」，帛書出版社，一三九頁。
註四二：同註四一

第三章　北宋山水畫的轉變

由五代到北宋末的百餘年間，是中國山水畫的第一個巔峯期，最能代表此時風格的就是巨碑式山水。由於主要描寫對象都是聳立的峯巒，畫家們無不企圖更明確的掌握山石的質感、結構、脈絡，皴法遂應運而生。

皴法的運用，使山、石表面紋理因受光不同而產生的明暗對此能更細膩的表現出來，畫家們因此而創造了比以往更見說服力的視覺幻象，宋初山水大家除了筆法的歸結外，亦拋棄了炫目的色彩，轉而以墨色濃淡來取代原是色彩所扮演的角色，他們以焦黑處理近景實體，以淡墨處理遠景和大氣，並巧妙利用若隱若現的煙嵐來造成逐漸深進的空間。筆、墨兩方面的技法相互配合，使畫面更趨堅凝而統一，也成功地將三度空間轉換在二度空間的平面上。

第一節　北宋初期的山水畫

宋初山水發展，可概分爲三個系統，亦即李成、范寬、董源所代表的不同地區風格，李成在齊魯、范寬在關陝，董源在江南，大致而論，北方畫家，多傾向寫實主義的藝術作風，南方畫家則多傾向理想主義的藝術作風。

一、李成

〈宣和畫譜〉謂李成：

「所畫山林藪澤，平遠險易，縈帶曲折，飛流危棧，斷橋絕澗，水石風雨晦明，煙雲雪霧之狀，一皆吐其胸中，而寓之筆下，如孟焦之鳴於詩，張顛之狂於草，無適而非此也，筆力因是大進，于時凡稱山水者必以成為古今第一」，【註一】

從〈宣和畫譜〉所記載御府所藏之一百五十九幅作品的畫題來畫，不外煙嵐、寒林一類景緻，現今傳為李成的作品為數不少，但米芾時就有「無李論」之說，使我們不禁要對李成眞蹟的存在與否感到懷疑，傳為李成的「寒林圖」（圖版一），坡石部分皆以成熟而定型的小斧劈皴畫成，整體技法已略嫌形式化，成畫年代當晚於北宋，美國堪薩斯Nelson Gallery收藏的「晴巒蕭寺」（圖版二），在時代上可至北宋，但風格與畫史所載之李成長於平遠之景則不相符。

李成生於現在的山東省昌樂縣東南一帶，對於北方氣候特色——霜、霧、雲、氣，和地理特徵——一望無際的黃淮平原，起伏和緩的山東丘陵，當有特別的感受，這是他之所以對大自然中形象和意境的捕捉有獨到之處的原因，劉道醇的〈聖朝名畫評〉極稱讚李成畫藝，評曰：

「精通造化，筆盡意在掃千里於咫尺，寫萬趣於指下。」

又曰：

「咫尺之間奪千里之趣。」【註二】

郭若虛亦稱其「毫鋒穎脫，墨法精緻。」【註三】，費樞則以「惜墨如金」【註四】形容其墨法。綜合各家所評，李成是以一種極精練、凝聚的筆墨來畫平原、丘陵中的平野煙林。爲了達到平野煙林中蕭疏、遼濶的大氣景象，墨色濃淡變化和筆的運用固然重要，更重要的是李成善用「平遠」的構圖，就是將立足點置於平地，而後仰視，平視，使「咫尺千里」的空間感和「煙雲變幻」的氣氛益形突出。這就是李成畫風的最大特色。

李成在北宋時所受到的推崇是史無前例的。劉道醇的〈聖朝名畫評〉將他的畫列爲「神品」【註五】，〈宣和畫譜〉更推崇他爲「古今第一」【註六】，他的畫譽一直持續到北宋末，追隨摹仿其風格的更是比比皆是，郭熙的〈林泉高致〉說：

「今齊魯之士，惟摹營丘……州州縣縣，人人作之。」【註七】

李成畫風之盛行由此可見。北宋一朝，師法李成者除郭熙外，較著名的有許道寧、宋廸、翟院深、高克明、王詵、李宗成等，至於受李成畫風影響者，就難以計數了。

二、范寬

范寬可以說是北宋山水畫家中，最能表達山石質感和氣勢的畫家，他原師李成，後因悟出「與其師人，不如師諸造化」的道理【註八】，決定自創面貌，終於達到與李成一般的地位。劉道醇的〔聖朝名畫評〕於山水林木一門僅置李成、范寬二人爲神品，評曰：

「范寬以山水知名，爲天下所重，眞石老樹挺生筆下，求其氣韻出於物表，而又不資華飾，在古無法，創意自我，功期造化……【註九】

又曰：

「對景造意，不取繁飾，寫山眞骨，自成一家，故其剛古之勢，不犯前輩，由是與李成並行。宋有天下爲山水者惟中正與成稱絕，至今無及之者。時人議曰：『李成之筆，近視如千里之遠，范寬之筆，遠望不離坐外，皆所謂造乎神者也。然中正好畫冒雪出雲之勢，尤有骨氣。』【註十】

郭若虛則說他：

「峯巒渾厚，勢壯雄強，槍筆俱均，人屋皆質。」【註十一】

由傳世的「谿山行旅圖」〔圖版三〕看來，范寬山水眞是崇偉峻拔，形勢逼人，若論氣勢之雄偉，質感之撼人，當爲中國畫史上之翹楚，此幅由三個空間單位所構成：近景盤石，中景山澗及樓觀，遠景爲鼎立的巨峯。

范寬以山脚煙嵐的光影將中景的側影襯托出來，使中景和遠景之間的過渡空間因對比關係而加大，由於遠景峯巒佔了全圖的五分之三，遂成爲整幅畫的焦點；但峯頂樹叢的墨色並未因距離較遠而用較淡的筆墨來皴擦，過大的比例及筆墨的凝重明晰，使得遠景並未因苦心經營的過渡而達到預期的深度感，因此，「谿山行旅圖」在表達視覺再現式的空間感上並不是十分成功的，他的遠景顯得有些急促而不夠遼濶，它的空間是「三步深入」式的，三景是經由心理的認知而跳接在一起的，不是經由視覺經驗而成爲一延綿不斷的空間。

論藝術上的造詣，范寬自能與董源、李成雁行，但若論其對北宋山水畫發展之影響，實不能與董、李二家相提並論，終北宋一朝，山水畫多以李成爲師，而董源在北宋末有米芾等文人的推崇、提倡，亦影響了當時的畫風。只有范寬一系，似乎如水入沙磧般地逐漸消失了。當然，師法范寬風格者並非沒有，但這些畫家並沒有特別傑出的，也未能造成風氣。〔圖繪寶鑑〕是一部有聞必錄的畫史，所記載師法范寬者共有九人，他們是─高訓、黃懷玉、紀貞、李元崇、甯濤、高洵、劉冀、劉聖、楊安道。【註十二】

何以范寬風格不能蔚爲風氣？這當然有許多複雜的因素，其中較重要的是：

(1)、地域性因素：范寬卜居於終南、太華，地屬黃土高原上之秦嶺一帶。由於位居山多、地高、氣候乾旱的山岳地帶，缺乏一望無際的平原景象，對於大氣的變化，濕度的感受自然不如居於黃河下游的平原、丘陵者感受之深刻。當李成畫風盛行之際，那種煙雲變幻的景象對於僻居陝甘一帶的畫家並不能有太大的影響，以致這一畫系未能吸收李成畫風的特色。

(2)、北宋中期以後，中國的都市發展呈現出一種空前的面貌。人口大量向城市集中，尤其是首都開封為政治、經濟、文化的中心。當李成畫風在北盛行時，藉著城市文化、經濟、社會的種種有利因素才能呈現面的發展。范寬畫系卻缺乏這種「城市化」的條件，其發展受到限制是必然的，所以只能以「點」的方式存在。

(3)、北宋末，文人米芾、蘇軾、李公麟、黃山谷等對藝術的影響很大，加上徽宗的喜好，文人思想霸佔了畫境。崇尚質感、氣勢的堅實畫風當然受到貶抑。即使范寬畫系中有傑出的作家或作品，由於畫風不為文人所推崇，其畫名或畫蹟是難以見諸當代畫史的。

三、董源

董源是北宋時代南方山水畫的宗師，雖然沒有確切可靠的作品傳世，但現今繫於其名下的若干名跡，有少數在風格上應該是可以被理解的，那是以一種柔和的筆觸（後人稱為披麻皴）表現出一種煙雲掩映，幽深平遠的境界。〔宣和畫譜〕稱其畫藝爲：

「至其出自胸臆，寫山水江湖，風雨溪谷，峯巒晦明，林霏煙雲，與夫千岩萬壑，重汀絕岸，使賢者得之，眞若寓目於其處也，而足以助騷客詞人之吟思，則有不可形容者。」【註十三】

董源是鍾陵人（江西南昌），所作山水，多以江南之眞山眞水爲其本，故無「奇峭之筆」【註十四】。沈括言：

「大體源及巨然畫筆，皆宜遠觀，其用筆甚草草。近視之，幾不類物象，遠觀之則景物粲然，幽情遠思。」【註十五】

沈括此述實爲董源山水的特色，即董源之作是對自然景物作總體和諧印象的捕捉，而摒棄繁瑣之刻劃，也就是以概括婉約的筆法來表達大自然的氣氛和韻味。

與董源並稱，亦爲南方山水畫大家的是巨然，巨然亦鍾陵人，他的山水畫也是以柔和清潤的筆墨描繪山裡的煙嵐氣象，來表達出柔和淸潤，平淡天眞的江南山水。

董巨在北宋時，雖已得名於當時【註十六】，但品第均在李成、范寬、關仝之下甚遠。在當時，以董巨畫風爲師者，寥寥可數！其中較著名的是：吳僧繼肇、劉道士、鄭天民，【註十七】，董巨畫風在北宋末以前幾乎沒有重大影響，當然也不能造成風氣，直到米芾出，特別崇奉董巨，他評董源：

「董源平淡天眞，唐無此品，在畢宏上，近世神品，格高無以比也。峯巒出沒，雲霧顯晦，不裝巧趣，皆得天眞，嵐色鬱蒼，枝幹勁挺，咸有生意，溪橋漁捕，州渚掩映，一片江南也。」（註十八）

他評巨然，除了認爲早年礬頭太多外，餘者均爲讚詞。米芾對藝術的批評一向極爲嚴苛，對於荆、關、李、范等大家都有批評，說是「俗氣」、「少秀氣」、「多巧少眞意」（註十九）等等，唯獨對董巨幾無閒言。米芾之所以如此推崇董巨不外下列原因：

(1)、米芾久居江南，看慣江南景象，董巨所繪江南眞山，在米芾看來是平淡天眞，於我心有戚戚焉。

(2)、一般而言，北方山水堅實方硬，南方山水柔和淸潤，李成以精練而凝聚的筆墨來描繪，在米芾眼中覺得太精巧，不若董巨概括婉約，意筆草草之描繪來的天眞。

(3)、董巨的「嵐氣淸潤，林遠煙疏」和李成所表達的大氣變化極爲相近，但李成風格乃是刻意經營煙雲氣氛，在米芾看來，略顯俗氣而失眞趣，而董巨是做整體和諧印象的捕捉，隨意而自然。

第二節　北宋中期的山水

一、許道寧

〈圖畫見聞誌〉卷四錄張文懿詩：

「李成謝世范寬死，唯有長安許道寧」。

足證許道寧在北宋中期是相當出名的山水畫家，他擅作「寒林平遠」樣式山水【註二十】，「筆法蓋得於李成」（註廿一）。現藏Nelson Gallery的「漁父圖」（圖版三）既雄偉又幽深，實爲北宋中期的代表作之一。

「漁父圖」在空間處理已較宋初更爲完備，除卷首及卷尾的土坡之外，前景概以水域爲主，重點則在畫幅中央的中景上。「展卷拜觀，自卷首的近景隨著蜿蜒的曲流深入遠景的山脈，再回到直皴而下的中景，循著峯巒前的土崖經獨木橋再循澗而上，穿過兩峯之間的峽谷到達近乎透明的遠山，復回到前景忙於營生的捕漁人家，又越過中景策蹇行過獨木橋的主僕二人，循另一支流而上。」【註廿二】

「漁父圖」經過前景—遠景—中景—遠景—前景—遠景等一連串的轉換，形成一條前後曲折的動線，將畫面拉進一個深不可及的領域中。這種視覺性錯覺的產生，主要乃因畫家者掌握了處理空間的技巧，包括：

㈠、採取高視點角度作俯瞰式的前景描寫。

㈡、削減前景的實體部分，僅留下卷首、卷尾的丘阜將前景拉近，其餘則化之以遼濶的水域，使中景得以不爲前景所掩，而做大幅度的發揮。

㈢、淡墨繪出遠山輪廓線，以矇朧來暗示空間的深遠。」【註廿三】。

很難想像在上下不到五十公分的畫幅中可以有如此浩瀚無涯的疏朗景象，范寬的「壯觀」和李成的「綿延」，在此藉著兩群峭拔的岩峯和三條蜿蜒的河道使空間得到令人讚嘆的開濶與壓縮。「漁父圖」克服了宋初以來再現式寫實的種種問題，既不流於拘泥亦不流於誇張，「山水畫至此到達了「再現」與「表現」最平衡的階段」。【註廿四】

二、郭熙

郭熙是神宗（一〇二三～一〇六三）時畫院藝學，在畫史中常和李成並稱，近代美術史家們稱之爲「李郭派」。郭熙的畫，流傳到今天的並不多，存世的「早春圖」（圖版四）融合了前代作品的成就，並有某些創新的質素。其〈林泉高致〉，對於畫家應有的修養，作畫時經營的位置與用筆，取景的技巧，都有精闢的見解，是探討其作品風格的最佳文字例證。〈林泉高致〉可以說已總結了五代，北宋以來的繪畫經驗，告訴後人如何將大自然的各種現象有效地轉換於畫絹上。郭熙明確指出了山水畫不應停留在自然景物的寫生階段，山水畫既應忠於自然景物，又須是「人情所常願而不得見也」【註廿五】，也就是說山水是要經過「理想化」的。但是，胸中山水，理想中的自然往往和現實世界是互相矛盾的。郭熙綜合了「三遠法」來消除此種矛盾和不自然，他說：

「山有三遠：自山下而望山巓，謂之高遠；自山前而窺山後，謂之深遠；自近山而望遠山，謂之平遠。高遠之色清明，深遠之色重晦，平遠之色有明有晦。高遠之勢突兀，深遠之意重疊，平遠則沖融而縹縹渺渺。」【註廿六】

郭熙把仰視，俯視和平視綜合運用，既要表現巨大的主山，也要畫出無邊際的平原和丘陵，讓觀者同時體會到崇高，深厚和遼濶幽遠。

〔林泉高致〕的種種理論，郭熙在「早春圖」中以實際創作爲他的理論做了最佳的註解。「早春圖」基本上仍延用北宋初的結構，畫幅正中置一主峯，山脚以煙嵐襯托出前景崗巒上勁拔的枯木及山腰的樓觀，最值得注意的是「早春圖」的中峯頂立並非採垂直式的構成，而是以S型構圖來表現，加上彎曲交疊的輪廓線，營造出強烈的動感，與「谿山行旅圖」的肅穆自然不同，空間的處理也複雜了許多，前、中、遠三景轉換流利，呈現了有機性的結合，不似「谿山行旅圖」的古拙而明確。

「早春圖」中的土丘，崗巒和主峯由下層層而上，並不因近山的阻隔而損其勢，此即「高遠」的表現法，但這並不同於西方透視法則的實際鳥瞰法，它以流動、概括、綜合的觀點來代替固定的觀點，也就是畫家將多次登高的印象組合爲心靈經驗表現在畫面上，以體現他們理想中的完美形式。

爲了使山石、峯巒能兼具姿態及量感，創造更具說服力的視覺效果，在中景右側山凹中的飛瀑以截成四段的方式由遠而近，由上而下奔洩，造成了源遠流長的效果。恰如〔林泉高致〕所述之「水欲遠，盡出之則不遠，掩映斷其脈，則遠矣」【註廿七】，而源遠流長，時隱時顯，才愈能顯現山凹的深遠。「漁父圖」已出現此法來擴張空間，而「早春圖」又以濃黑的墨色和林間深處的樓觀，更進一步營造山凹的深度感，益發顯出中景主峯的渾厚和三度空間的量感。

主峯左側，郭熙再利用「掩映斷其脈」的溪流及主峯延伸出來層層相疊的斜坡，經營出主峯的深度和厚重。主峯左側沿河而上，形成一開濶的空間，利用淡墨染出與主峯比例懸殊的遠山，暗示了二者之間遼濶的距離，而產生了「自近山望遠山」的平遠效果。

除了三遠法表現出的複雜空間感，「早春圖」顫動、曲折的輪廓線和對比強烈的明暗度所帶來的運動感是宋初作品所沒有的，宋初的穩重內斂已被誇張和戲劇化取代了，精確的形體和密實的質感也因爲追求大氣變幻的效果，而讓煙嵐雲霧取代了。

「早春圖」實已跨越宋初嚴格合理的視覺再現，由「客觀再現」進入了「主觀的表現」。巨碑式山水經二百多年的發展，已克服種種困難而臻於成熟，郭熙可以說是巨碑式山水的集大成者；雄奇，穩重的畫風已經達到圓熟的高點，接下去的藝術風格，將順著「早春圖」中所顯露出的抒情，主觀傾向而發展，郭熙在中國畫史上實具承先啓後的地位。

三、李郭畫系

和郭熙大約同時，亦師法李成的宋廸（一〇一二～一〇九〇）雖無確認的作品流傳，但從〈宣和畫譜〉所記載他的作品，不外「晴巒」、「煙巒」、「遙山」、「瀟湘」等等，這些畫題和郭熙「晴巒」、「秀巒」、「遙峯」等【註廿八】非常相近。〈宣和畫譜〉稱宋廸「運思高妙，如騷人墨客，登高臨賦。」【註廿九】史家因其擅寫煙霧朦朧的瀟湘景緻，稱其爲「瀟湘派」。除宋廸外，尚有燕肅「尤善畫山水寒林」【註卅】，王安石曾題其「瀟湘山水圖」【註卅一】。稍晚的還有李公年，「所布置者，甚有山水雲煙餘思。至於寫朝暮景緻，作長江日出，疏林照晚，眞落物象出沒於空曠有無之間，正合騷人詩客之賦詠。」【註卅二】。北宋中期，屬於李郭畫系中尙有李宗成、王詵、高克明等大家，亦擅畫類似疏林、平野、煙巒等充滿詩意的瀟湘景緻。

李郭畫系中由許道寧、郭熙及瀟湘景緻的發展來看，可以發現當時畫家有一些共同的特質。

①、善於運用筆墨：無論山石林木，皆以變化萬端的筆墨曲盡形容，李成的「毫鋒穎脫、墨法精緻」具體的實現在此一時期的作品中。

②、精於造境：此時仍保留巨碑式的構圖，以顯示宏偉的景象，但藉源遠流長的水泉來表現山巒的厚度和深度，並以烟霧置於其間，增加距離和空間，將畫面襯托的融合而澹泊。

③、注重大自然的不同季節氣候的變遷：此時畫家均已明確意識到大氣濕度，明暗和氣氛的變化，藉樹木、冷泉、薄霧等完美的描繪，成功地表現出北方微寒澄明的空氣包圍下的自然景觀。

北宋中期所共有的「折衷風格」，乃是五代、宋初以來，水墨技法的發展和自然景觀的改變等多種因素累積滙合的結果。任何一個達到巔峯狀態的風格，到最後都無法停留在那個完美的恆定點上，永遠會有下一個目標引導畫家做另一新的嘗試，李郭畫系的發展亦復如此，尤其神宗喜愛郭熙畫，上至公卿大夫，下至村野平民，競相學習。此後，李郭畫風就漸成習氣，只能偏重某些特徵的捕捉，畫家們不再從大自然中實地去挖掘，因而喪失了郭熙那種統攝全局的能力，宋初以來雄偉莊嚴的氣勢更是蕩然無存。中國繪畫由剛走向柔，由實走向虛，由物走向心等傾向，早在北宋中期的山水畫中已顯露了端倪。

第三節　北宋末的山水畫發展

宋初以來，在各地建立的山水畫風，到了北宋中葉以後，只有李郭畫系傳播最廣，影響最大，所謂的「瀟湘派」、「燕家景」【註卅三】都在它的範圍之內。它是北宋中後期山水畫的主流，而范寬一系只是漸趨沒落，逐漸消散的支流。至於董巨畫風，藉着米芾等文人的推薦，多少給北宋末的山水畫注入些新的養分。除了這三脈的傳承外，北宋末的山水畫發展還受到一些特殊因素的影響，包括宋徽宗對繪畫的態度，當時文人們的品味和理論，還有復古思想的出現及政治、經濟、社會等因素，在這些複雜因素影響下，北宋末大致呈現了兩種風格不同但精神相似的山水畫。

①、折衷風格的延續：當然，李郭畫系在此時期衆多複雜因素的影響下，其面貌已有所轉變。

②、小景畫風之出現：其實，小景畫風也源自於李郭畫風，但已呈現出與以往不同的特殊面貌。

一、李郭派折衷風格之延續

甲：宋徽宗的影響

宋徽宗雖精於繪事，但熟衷於花鳥寫生，山水畫較少。按徽宗初與王詵、趙大年等往來，後偏愛宋廸風貌之山水，曾自題「八勝圖」曰：「因閱宋廸八景，戲筆作此。」【註卅四】，另宋廸之侄子房於建中靖國元年（一一〇一），因筆墨妙出一時，被徽宗授爲首任畫學博士【註卅五】。因此，徽宗山水確實受到宋廸之影響。徽宗一向注重詩意情趣的表現，其偏好瀟湘風格的畫是當然的了。徽宗一方面喜愛宋廸（師李成）的畫風，另一方面却排斥李郭派大師郭熙【註卅六】，可見徽宗偏好的只是雲烟掩映的柔和氣氛，對於郭熙雄偉的氣勢和濃重的筆觸並不欣賞。

從現今歸於徽宗名下的兩幅山水畫來看，「豁山秋色」（圖版五）（現藏故宮）及「晴麓橫雲」（現藏日本），這兩幅畫極爲相近，如果不論其眞僞，可視爲徽宗喜好之風格，其構圖合於鄧椿所稱之「咫尺千里」【註卅七】，而用筆柔細溫和，所繪村郊煙雨、山霧迷濛，頗覺清雅寧靜，只是太過瑣細而少骨氣，可知徽宗所好咫尺千里，雲烟遼繞的風格，正是李郭折衷風格漸成習氣的典型。

乙：米芾等文人的影響

董巨在畫史上的地位確是由米芾所造成的，至於他有意貶抑李成，自謂「無一筆李成，關仝俗氣」【註卅八】，則在藉李成貶王詵（米芾「畫史」謂王詵學李成皴法，以金綠爲之），如同藉吳道子貶李公麟【註卅九】，但他的「貶李」並不能阻礙折衷風格的發展，也難影響李成在當世的地位，因爲李成「平遠曠蕩」【註四〇】的山水正是當時畫家全心以求的。

有些藝術史學者認爲宋徽宗及米芾貶抑李郭後【註四一】李郭畫風在北宋末因而沒落。其實不然，考諸畫史，北宋末除王詵外，師李郭者僅畫院畫家就有李遠、和成忠、趙林、郭信、郭鐵子、李希成、田和、胡舜成、郝孝隆、張著等多人（人數最多）。而北宋末文人如蘇軾兄弟、黃山谷等都很推崇郭熙、王詵等折衷派大師，蓋李郭之喜畫寒林、煙嵐、與蘇軾、文同之喜畫竹石、枯木，甚至米芾父子的米氏雲山，皆爲追求蕭疏淡泊之趣。事實上，李郭遺風在本質上、意境上和這些文人的追求是相契合的。

從正面看，北宋末文人不但沒有排斥李郭風格，他們的書畫理論對折衷風格的發展還有推波助瀾之功。從另一個角度來看，由於米芾、蘇軾等文人之介入，對李郭派風格有重要的影響——他們使這種風格中的文人畫趣味愈來愈濃，由於以高古文雅的文人氣息爲尙，使得李郭遺風愈趨柔美，用筆漸趨簡放，且重視水墨交融的效果，而對大氣濕度及氣氛的追求就成為畫家主要的任務。

丙：經濟繁榮，城市興起等因素的影響

北宋末，經濟繁榮，城市興起，當時都會生活富足，一切工藝、美術活動卻達到巔峯狀態，尤其首都汴京（開封）的繁榮更屬空前，這種情況對當時的繪畫產生兩個影響。

㈠、對現實性的要求提高，即使是山水畫也希望和現實生活發生關連，於是敍事、風俗等歷史性、地方性的內容漸在山水畫中增多。

㈡、裝飾性的需求增多，因此在山水畫中，實景人物，樓台水榭的描寫佔了很重要的地位，同時色彩的暈染也在山水畫中出現的更多。

丁：復古主義興起的影響

在中外歷史中，任何一個文化鼎盛至極的時代，就會有復古思想的興起。在藝術史中，任何一種繪畫風格只要形式僵化後，對於感官的刺激便相對地減弱；而為了突破這種刺激的弱化，往往會從前人風格中尋求一些新的力量注入原有的風格中使能有所改變。北宋末山水畫的著色，一方面是基於前述裝飾性需求的增加及道教神仙思想所嚮往的世界（金碧輝煌的山林）所影響，另一方面則是復古思想興起的結果。據畫史所載，此時畫家們遠溯唐代王維、李思訓的風格，尤其是李思訓的金碧山水一時成為著色山水畫的典範，這才使北宋末青綠設色大爲盛行，一時蔚爲風尙。

由於受到前述因素的影響，傳統的李郭派畫風在北宋末確有相當程度的改變，此時的山水畫既要雲烟供養，以高古文雅爲上（如王維），又需要兼顧現實性與裝飾性的要求（如李思訓）。因此，畫家們非常在意如何將這兩種矛盾的特性融合起來，大致說來，文人畫家較傾向前者的表現，職業畫家則傾向後者，當然，更多的畫家是以折衷綜合的方式來表達，王詵可算是此時期此一畫風的代表畫家，據（圖繪寶鑑）記載：

「王詵學李成山水，清潤可愛，又作著色山水，師唐李將軍，不古不今，自成一家，畫墨竹師文湖州」。

夏文彥此評適足以說明北宋末的山水畫風，也就是「清潤可愛」的「著色山水」，其畫風來自李思訓、李成、文同三方面的傳承，也受著傳統、復古及文人畫之交互影響，也難怪會「不古不今，自成一家」。

北宋末山水畫流傳至今而確認無疑者實在不多，王詵算是留傳畫跡較多者，其名下之「煙江疊嶂」、「漁村曉雪」（均在大陸）、「傑閣嬰春」（在故宮）等皆可視爲北宋末李郭畫系山水畫之代表風貌。宋徽宗名下幾幅山水畫以及許多無款但確認的宋畫如「溪山暮雪」、「江帆山市」（圖版六）……等，形貌上雖略有不同，但既高古文雅又富現實性或裝飾性等特質却仍不脫北宋末李郭折衷風格的體系。

二、小景畫風之興起

小景一詞最早見於〈圖畫見聞誌〉（成書於一〇七五年）：

「高克明……團扇臥屏，尤長小景。但矜其巧密，殊乏飄逸之妙」【註四二】。

「建陽僧慧崇，……尤工小景，善為寒汀遠渚，瀟灑虛曠之象，人所難到也」【註四三】。

郭若虛所謂的小景，包含了巧密和虛曠兩種不同而對立的質素，除了畫幅物理的尺度小之外，應該和當時巨碑式山水有對比的風貌，也就是說，小景應該是與巨碑式「雄奇」風格對應的「秀美」風格，它也許是淡遠的，也許是巧密的，都可稱為小景。

小景風格在北宋末逐漸流行，甚至成為獨立一門的畫科，〈宣和畫譜〉的分類是將「小景」附於卷二十的「墨竹」一門下。由〈宣和畫譜〉編者的分類來看，對於「小景」的界定標準除取決於題材外，還取於畫家的身份地位，所以才會把「小景」附在毫不相干的「墨竹」之內，在當時，「墨竹」暗示的是一種文人墨戲般的新畫風，所以被編入卷二十的畫家中，沒有一人是職業的院畫家。而事實上，在當時除了文人外，宗室、內臣、院畫家及一般畫人中，擅畫「小景」的並不在少數，列舉如下：

「鄆王、徽宗皇帝第二子也。……又復時做小筆花鳥便面，克肖聖藝……」【註四四】

「士雷，字公震，長於山水，清雅可愛。……今秘閣畫目有……及小景圖等。」【註四五】

「士衍……有扇面，意韻誠可愛……」【註四六】

「士遵，……所作多以小景山水……」【四七】

「伯駒，字千里……多作小圖……」【註四八】

「高燾，……作小景自成一家，清遠靜深……」【註四九】

「智永……工小景……」【註五〇】

「任源……又作小景……」【註五一】

「戰德淳，本畫院人……，一扇之間，動有十里光景……」【註五二】

「瀟湘劉堅……多作小圖……」【註五三】

「鮑洵，……小景愈工。」【註五四】

「李端，……多作扇圖……」【註五五】

「劉益，……尤長小景……」【註五六】

「馬賁，……長於小景」【註五七】

「段吉先，……題其小景三絕。」【註五八】

「內臣劉瑗，有『竹石小景圖』、『小景墨竹圖』二」【註五九】

「宗室孝穎，……御府藏有……『小景圖』一」【註六〇】

「嗣濮王宗漢……御府藏有……『榮河小景圖』一……」【註六一】

「易元吉……『小景圖』二……」【註六二】

以上所錄，是〈畫繼〉和〈宣和畫譜〉中的記載，除「小景」一詞外，「小軸」、「小筆」也常在兩書中出現，至於具「小景」特色（秀美）而未明確記載者就更多了，茲舉例如下：

「宗室克敻……所得止京洛池塘間之趣耳……」【註六三】

「宗室令穰……然所寫特於京城外坡坂汀渚之景耳……」【註六四】

「崔慤……多在於水邊沙外之趣……」【註六五】

「內臣李正臣……有水邊籬落幽絕之趣……」【註六五】

如果仔細考察北宋末畫家的有關記載，當知北宋末「小景」已是很盛行的體裁，但它却被畫史忽略了，考其原因，不外乎：〈宣和畫譜〉雖列畫家二百三十一人，但自孫吳以至徽宗，前代畫家佔去大半，眞正北宋末畫家中又有道釋、人物、宮室、番族、龍魚、畜獸等複雜分類，所以即使北宋末山水畫已趨向「小景」，在〈宣和畫譜〉中亦難突顯。另一個重要的原因，是「小景」屬北宋末才盛行的體裁，一般史書均有厚古薄今的傾向，所以畫「小景」的雖多，但却避免列入「小景」一科中。如果我們只由「小景」一門所載畫家來看當時的小景畫，就不能知道北宋末的繪畫是如何發展的。

小景畫雖然在北宋中期已有，但眞正興起並獲得文人們的認同則在北宋末（十一世紀末—十二世紀初），它之所以能與巨碑式相抗並逐漸取而代之，有其獨特的背景，分述如下：

甲：畫院以詩取士之影響

宋代畫院制度中最突出，最足以影響後代繪畫發展的就是宋徽宗以意境優美之詩句做爲畫院考試的試題，此種「以詩取士」的目的，在於提高畫院畫家的文學素養，豐富其想像力及運用象徵的方式來表達情趣，但詩境有大有小，大境界予人壯濶、雄渾、偉大的感覺，例如：「暮靄茫茫楚天濶」、「大江東去浪淘盡」、「黃河遠上白雲間」、「秦時明月漢時關」、「惟見長江天際流」等，此皆爲大境界之作；小境界則予人柔和、細緻、優美的感覺，宋徽宗畫院考試的詩題就是屬於小境界一類，茲舉當時畫題及中魁者之畫境於下：

「『野水無人渡，孤舟盡日橫』自第二人以下，多繫空舟岸側，或舉鷺於舷間，或棲鴉於蓬背，獨魁則不然，畫一舟人，臥於舟尾，橫一孤笛。其意以爲非無舟人，止

無行人耳，且以見舟子之甚閒也。」【註六七】

「『踏花歸去馬蹄香』。中魁者畫一群蜂蝶，追逐馳馬之馬蹄，以描寫香字。」【註六十八】

「『竹鎖橋邊賣酒家』。衆皆向酒家上著工夫，惟魁但於橋頭外掛一席酒帘，上喜其得鎖字意。」【註六十九】

「『亂山藏古寺』。魁則畫荒山滿幅，上出幡竿，以見藏意。餘人乃露塔尖或鴟吻，往往有見殿堂著，則無復藏意矣。」【註七十】

「『嫩綠枝頭紅一點，惱人春色不在多』，其時畫手有畫花樹茂密以描寫盛春光景者，然不入選，惟一人畫危亭，美人依欄而立，口脂點紅，傍有綠柳相映，遂入選。」【註七十一】

由於試題多屬含蓄優美的小境界，所以畫者無不藉用象徵的手法來表達詩中的情趣，唯有以象徵的表達方式才能隱含詩意，暗示「言不盡之意」，這是小景風格的一個特質，這個特質，原本只是文人的審美態度或言論，却由徽宗付諸實際的指導與實踐，以其帝王之尊，所造成的風氣和影響當然是不可忽視的。

乙・文人美學的啓發

宋代是中國文風最盛，知識份子最受重視的時代，由於以詩賦爲進士考選的標準，宋代士大夫在古文、詩、詞方面都有相當的成就，以致文學的美學觀往往不自覺地影響了一般審美趣味。

北宋中葉以後最具影響力的文人是蘇東坡，其師歐陽修曾提出「古畫畫意不畫形」的理論，蘇軾則進一步擴充爲「出新意於法度之中，寄妙理於豪放之外」【註七十二】，以「新意」及「妙理」來做爲繪畫取捨的最高標準。他又指出畫的基本特徵是「有常理而無常形」、「常形之失人皆知之，常理不當，雖曉畫者有不知。」【註七十三】。蘇軾之「妙理」是最具流動性的，與禪家的「無常」觀念頗類，心中若以「無」爲本，畫家便能不執著於形的桎梧，他在〈赤壁賦〉中的「自其變者而觀之，雖天地不能以一瞬」就宣示了這個道理，他排斥「常形」亦根源於此，由於無「常形」，畫家只好用隱約概括，近乎抽象的手法去捕捉幻想中的眞實，所以同一對象，畫家可因感受不同而作不同面目的表達，這是一種非常強烈的主觀唯心論。

曾任書畫學博士的米芾也是北宋末一位舉足輕重的人物，他在〈畫史〉中自述：

「又以山水古今相師，少有出塵格者，因信筆作之，多煙雲掩映，樹石不取細意……只做三尺橫挂、三尺軸……更不作大圖，無一筆李成，關仝俗氣。」

他這種「信筆作之」、「不取細意」就是米家墨戲的標準風格，而「更不作大圖」，則是他對這種畫幅的革新充滿了自豪，除了對李成，關仝的批評外，他說黃筌「惟蓮差勝，雖富艷皆俗」【註七十四】，說崔白等輩的作品只能「汙壁茶坊酒店，不入吾曹議論」【註七十五】，在米芾眼中，只有代表「南方風格」的董源、巨然才是値得推崇的，米芾稱之爲「平淡、天眞」。

北宋末文人擅畫者不在少數，文同、李公麟、晁補之、李廌、王詵、米友仁、董逌、趙伯駒……等都在藝術創作上有相當的成就，而蘇東坡與米芾的主張也應之於其創作中。米芾曾謂：

「子瞻做枯木，枝幹虬屬無端，石皴亦怪怪奇奇無端如其胸中盤鬱也。」【註七十六】

此乃典型的黑格爾所謂的「感情溢出形式」的浪漫主義風格。至於米芾，宋人趙希鵠在〔洞天清錄集〕中說：

「其作墨戲，不專用筆，或以紙筋，或以蔗滓、或以蓮房，皆可以爲畫，畫紙不用膠礬，不肯於絹上、壁上作一筆，……」【註七十七】

米芾的這種作畫態度，說是毫無「機心」的遊戲可能更貼切，由於重視的是水墨渲淡的「偶然」效果，故喜用濕筆，對透水性不強的絹或壁定然不屑一顧，米芾的這種破壞「法度」的態度，對南宋逐漸盛行的「禪意畫」有很大的影響。

在理論和創作上，蘇軾、米芾或李公麟等都是高蹈而不囿於法度者，他們平淡天眞不求形似，重視個人的內在精神表現等觀念，和重形似、法度及裝飾性的院體畫有很大的差別，那麼文人的態度是不是和院體畫呈現對立的關係呢？他們是否以對抗的態度面對院體畫呢？關於這一點，藤固說：

「同一身份的士大夫生活之中，潛存著兩種不同的傾向之分別，……前一種是士大夫不甘囿於規矩法度，而傾向於玩世高蹈的『高蹈型式』。後一種士大夫被科舉制度所束縛，進退於規矩法度之中的『館閣型式』。」【註七三】

因此，就宋代文人的「士大夫」角色而言，他們有可能影響畫院甚至皇帝的品味，但也可能不自覺的迎合帝王的裝飾性趣味，文人本身有如此不同的角色，院體畫家也可能如此，故有「放逸作風，不合而求去者。」【註七十九】

蘇軾的「出新意於法度之中」，仍在意於「法度之中」，所以，文人有其美學態度，也許是不求「形似」，但並非捨棄「形式」；畫院畫家有合法度，求形似的創作觀，但並非不求「畫外之意」。就北宋末盛行的「小景」而言，不論院體或非院體，都不免受到這兩種不同美學態度的影響。滕固在「關於院體畫和文人畫之史的考察」一文中說：

「在宋代繪畫上，確有這兩種型式的存在，但不是上下層的，而是銼磨中發展的；中間還沒有十分明顯的決定分裂。所以院畫的影響傳達到山水上而成就劉李馬夏的作品，當初是絕不勉強而極自然的事。」【註八十】

所謂南宗、北宗或院畫、文人畫、在當時並非如此經渭分明的，文人的美學創見固然影響了當時的繪畫，但這種影響是以滲透、融合的方式進行的。

丙、都會生活的反映

長久以來，人們總是把宋代看作是中國歷史上一個積弱不振的朝代。其實，所謂的積弱，指的是宋代重文輕武的政策，以及對外關係的軟弱無能，若以整個社會經濟的發展來看，它要比漢、唐富裕得多，宋代自眞宗、仁宗的休養生息後，奠立了穩固的基礎，一直到北宋末，中原未受干戈之亂，人民安居樂業，而農工商業的大量發達，促成社會經濟的高度發展，伴隨工商業的發達和經濟繁榮而出現的就是大都會的興起。

據（宋史、地理志）所載，宋徽宗崇寧年間擁有十萬戶以上的州、府有五十多個【註八十一】，而唐代才僅有十多個，如果每戶以五口概算之，則這些城市的人口約在五六十萬人以上，特別是首都開封（汴京），人口超過一百萬，是十一世紀世界上規模最大、人口最多的城市之一。

北宋都會生活的繁榮景況，一如歷史上末代王朝的典型……當一個朝廷沈醉於享樂而疏忽朝政典儀時，其國勢必走向覆亡之途。北宋末，幾個主要的大都會如成都、揚州、河間等，都與汴京一樣呈現著高度的繁榮與發展，在當時，娼樓妓院的林立及貴族文人的奢侈晏樂，已是大都會中的生活基調，藝術作品也不免蒙上一層酣沉聲色的享樂色彩。都會生活反映在美術作品中的趨勢，除了上一節所提的「對現實性的要求提高」和「裝飾性的需求增多」之外，還有一個比較具體的變化，就是畫幅的縮小，這種變化，在宋徽宗的時代尤爲顯著。

隨著商品經濟的發展，在北宋末，許多原本沒有納入商品的「行」逐漸增加（行一般指商業的類別）唐代西京東市有二百六十行，南宋臨安有四百十四行，【註八十二】，北宋汴京的行雖沒有完整的統計數字，但以當時汴京的人口來看，和臨安的狀況是相差不多的，在這些當時繁盛的行業中，藝術品顯然是屬於交易熱絡的一種。在「清明上河圖」中（圖版七），我們可以清楚地看到擺攤賣畫的情況，在〈宣和畫譜〉及〈畫繼〉中，也有許多提及繪畫「商品」的記載，如：

「文臣宋道……但乘興即寓意，非求售也，故其畫傳世者絕少。……」【註八十三】

「楊咸，……。每有販其畫者，……院中人爭出取之，獲價必倍。」【註八十四】

「劉宗道，……每作一扇，必畫數百本，然後出貨，即日流布，實恐他人傳模之先也。」【註八十五】

「朱家先，……以其不求售也，故得之自然，也亦罕見，不知其所長也。」【註八十六】

「劉松老，……見此本在張恭州彌明家，後歸一豪族，價三十萬，非眞物也。」【註八十七】

「內臣羅存，……性喜畫，作小筆，雖在京國，而浩然有江湖之思緻，不爲朝市風埃之所有汨沒，……。」【註八十八】

雖然藝術品作爲商品早已有之，(歷代名畫記)及(圖畫見聞錄)亦有記載，但所記載的多爲古畫散佚後的「偶得」，和北宋末的情況是不同的，在北宋末，如「畫數百本」的大量生產方式，才符合流通於行市的「商品經濟」原則，既爲商品，就必須有其特殊的「限制」——除了流行風格的取向外，最顯而易見的就是畫幅尺度的縮小——小品畫，因爲它携帶方便(大多爲扇面)，價格不致太貴，且便於在家中懸掛或隨手把玩，故爲王公貴族，文人雅士，甚至一般平民所樂於收藏。

小品畫的「經濟」特性有時也以別種不同的方式進行，如皇帝賜畫，臣子進畫，以致於文人酬唱和一般市民用以附庸風雅，特別是宋徽宗時，以自己所畫賞賜群臣，據〈畫繼〉所載：

「徽宗……分賜從官以下，各得御畫兼行書草書一紙」【註八十九】，亦有「屢以畫進，每加賞激」【註九十】的臣子「作小筆花鳥便面，克肖聖藝」【註九〇一】，據畫史所載，這些君臣以藝往來的作品多為小軸或扇面，多少也對小景畫的發展產生了重要的影響。

「和國夫人王氏，……每賜御扇，即翻新意，仿成圖軸，多稱上旨，一時宮邸珍貴其蹟。」【註九十二】

「戰德淳，本畫院人，因試「蝴蝶夢中家萬里」題……遂魁。……一扇之間，動有十里光景，眞可愛也。」【註九十三】

「政和間，每御畫扇，則六宮諸邸競皆臨倣一樣，或至數百本。其間貴近，往往有求御寶者。」【註九十四】

「宗室令穰……。嘗因端午節進所畫扇……一時以為榮。」【註九十五】

北宋的小景風格，有如十八世紀的歐洲城市藝術，由巴洛克式宏偉的宮殿巨製，轉而為洛可可小巧精緻的華麗別莊的裝飾品，也像十九世紀的印象派一樣，是以優雅挑剔，神經過敏的詩意小品達到「布爾喬亞」華麗精緻却空虛的都會文化的頂峯。洛可可與印象派，都是在沙龍的享樂氣氛中成長的，他們是大都會生活中的享樂主義者。宋代的小景畫，也是在酣歌醉舞的空氣裡展開的，他們皆以精雕細琢的小作品來反應都會生活中追逐優雅細緻品味的生命情調。

除了上述幾個因素外，由於宋徽宗篤信帶有魔幻色彩的道教，當時山水畫因而受到神仙思想的影響，除了使用青綠設色外，還以泥金敷染，也成爲「小景」的另一特色，此外，宋代皇室有一項很特別的規定，即不准皇室遠遊，以致皇室的活動範圍只好侷限於開封附近，所以大多數宗室畫家無法從廣大的自然景物中選取題材來創作。趙大年就曾被譏爲「不出京洛五百里」【註九十六】，這種譏評其實一點也不誇張，正因爲這些宗室畫家不能遠遊，所繪題材自然僅限於日常生活中所見的景色，如秋塘、沙渚、江邨、柳亭等，這些景緻最適於作爲小景畫的取材，這就是爲什麼小景畫會特別盛行於宗室之間的原因。

由於前述諸因素的影響(包括前一節所述復古主義的興起)，促使小景畫風在北宋末逐漸盛行，此種畫風的代表者爲宗室趙大年，趙大年爲宋太祖第五世孫，家世顯赫，自幼即誦研唐詩，雖「生長官邸，處富貴綺紈間」，却「能遊心經史，戲弄翰墨」【註九十七】。徽宗自幼即與大年往還甚密，董逌、黃山谷、趙德麟等均極賞識他的才華，所以大年自幼即負盛名。

他對小景畫的喜好，對小景畫的風行有相當的影響，陳師道曰：

「滕王蛺蝶江都馬，一紙千金不當價，異才天縱非力窮，畫工不足甘爲下，今代風流數大年，含毫落筆開山川，忽忘朽老壓塵低，却怪晁鴻墮目前，爾來二人復秀出，萬里河山才咫尺，眼邊安謂有突兀，復以天地初開闢。」

此詩正說明了趙大年畫小景的成就。

現藏美國波士頓的「江鄉清夏圖」(圖版八)，可能是較接近趙大年畫風的作品，此圖柔和幽美，煙霧朦朧，和李郭畫風之意境頗類。然而畫幅小，境界小，色彩較豐富，用筆却纖弱，所繪林郊煙雨，儼然是一種新的風貌。這種以青綠設色，又具高度詩意化的小景，既能爲宗室貴族，畫院所喜，也爲文人們所接受，遂漸成爲北宋末山水畫的主流；且隨政治，地理的變遷，在南宋繼續傳承。

(三)結論

縱觀北宋末山水畫的發展，有李郭折衷畫風的延續和小景畫風的興起兩大主流，他們既在相同的時空背景中發展，不免相互滲透、影響，因而呈現了相當近似的風貌，例如王詵名下之「傑閣熙春」─畫山樓一角，樓上兩婦人憑欄遠眺，樓下廊中，一婦人前行，雛鬟隨後。由屋宇及樹石穩當的用筆及遠山渲淡的處理方法來看，將之歸爲「小景」或「折衷風格」都可以，另「大江浮玉」册（圖版九），細察筆墨，與郭熙「早春圖」甚接近，而結構細碎又似宋徽宗「溪山秋色圖」，故宮（宋畫精華）編者認爲「或係宣和時郭熙一派」【註九十八】，本幅縱二〇、八九分，横二三、二公分，與故宮所藏宋人「小寒林圖」（縱四三、二公分，横四九、二公分），「江帆山市圖」（縱二八、六公分，横四四、一公分）、「秋溪待渡」（縱一九公分，横五四、四公分）等圖有相近的風格，如結構稍嫌瑣碎，構圖以中景爲主，近景的刻劃還不多見，大多爲「咫尺千里」觀念下的作品，用筆則以中鋒短筆爲之，線條仍與物象相合而少轉折與表現，因而不甚明顯，至於色彩，雖以青綠爲之，但設色淡雅，加上雲氣烟嵐的運用，頗富詩意，此皆爲小景風格的特質。

史家每論及北宋末山水畫的代表作，總要以李唐的「萬壑松風圖」爲例，做爲巨碑式山水的最後代表，此圖作於宣和四年，正當北宋末，由於「萬壑松風圖」的風格不在前述北宋末「折衷派」和「小景」兩大主流中，似乎是巨碑式山水在北宋末仍然盛行的明證，特別是「萬壑松風圖」在藝術上的成就一直爲史家矚目，它的光芒遂掩蓋了無數同時代不同風格的作品，以致諸多畫史「以偏概全」地以爲巨碑式山水在北宋末仍是山水畫的主流之一，而許多無數青綠小品就只好被歸爲南宋初的作品。

李唐是河陽三城人，即今河南孟縣，在河南的西北部，臨黄河北岸，縣內有王屋山與北方的太行山呈直角相交，西有中條山與王屋山平行，地近關陝，屬高原與平原的過渡區，在繪畫風格上應屬荊浩、范寬系統。像李唐這樣的大師，像「萬壑松風圖」這樣的巨作，並不屬於北宋末的主流，因爲我們找不到相類的巨碑式作品以爲佐證，它聳立在北宋末的畫史中似乎有些突兀；但我們若能明瞭宋初以來山水畫的大勢，就能明瞭在時代風格中仍有地域性的差異，在面的發展中仍有點的存在。郭熙就曾說過：

「今齊曾之士，惟摹營丘，關陝之士，惟摹范寬。」【註九十九】

雖然范寬畫系在北宋中期以後漸趨沒落，我們仍須正視像李唐這樣的大家及巨碑式風格仍在特殊的地方傳承，如同我們知道：在南宋斧劈皴畫風籠罩之下，仍有江參一派之存在，在元初文人畫風盛行時仍有孫君澤等馬夏系統畫家之存在，明乎此，則北宋末山水畫的發展大勢才掌握的住。

註釋

註一：見宋，「宣和畫譜」，文收「畫史叢書」，文史哲出版，卷十一，四八八頁。

註二：見北宋道醇撰「聖朝名畫評」，文收「佩文齋書畫譜」第一冊，新興書局，第三七三頁李成條。

註三：見北宋郭若虛撰「圖畫見聞誌」，文收「畫史叢書」，第一冊，文史哲出版社，卷一，一五八頁。

註四：見宋人費樞「釣磯立談」說孚三十一。

註五：同註二。

註六：同註一。

註七：見北宋郭熙、郭思撰「林泉高致」，文收「中國畫論類編」，第五編，華正書局，六三三頁。

註八：見夏文彥「圖繪寶鑑」，文收「畫史叢書」第一冊，文史哲出版社，卷三，范寬條，七二〇頁。

註九：同註二。

註十：同註二。

註十一：同註三。卷一，一五八頁。

註十二：見元人夏文彥「圖繪寶鑑」，文收「畫史叢書」，第一冊，文史哲出版，卷三。

註十三：同註一。四八五頁。

註十四：見宋人沈括撰「夢溪筆談」，商務印書館，一二一頁。

註十五：同註十四。

註十六：同註三，卷三，第一八三頁，見董源條，及卷四，第二〇一頁，見巨然條。按郭若虛及在「圖畫見聞誌」卷一中論三家山水列李成、關仝、范寬，而無董巨。

註十七：同註三。卷四，第二〇一頁，見吳僧繼肇條；及見米芾撰「畫史」，文收「美術叢書」二集，第九輯，藝文印書館，第三四頁；及見「圖繪寶鑑補遺」，商務印書館，第一一四頁。

註十八：見米芾撰「畫史」，文收「美術叢書」二集第九輯，藝文印書館，第一一頁。

註十九：米芾評荆、關、李、范，均見於其「畫史」第五三頁。

註二〇：同註一，第四九二頁，見許道寧條。

註廿一：同註二〇。

註廿二：見王明湄著「趙令穰之研究」，三十一頁。文化大學藝術研究所碩士論文。
註廿三：同註二十二。
註廿四：同註二十二。
註廿五：同註七，六三一頁。
註廿六：同註七，六三九頁。
註廿七：同註七，六三九頁。
註廿八：同註一，卷十一，四九七～四九八頁，見郭熙條；及卷十二，第五〇三－五〇四頁，見宋廸條。
註廿九：同註一，卷十二，五〇三頁。
註三〇：同註一，第五〇〇頁，見燕肅條。
註卅一：同註一，第五〇一頁。
註卅二：同註一，卷十二，第五〇六頁，見李公年條。
註卅三：米芾「畫史」謂：「禮部侍郎燕穆之，司封郎宋廸復古，車龍圖閣劉明復，皆師李成：……。」又江少虞「皇朝事實類苑」謂：「成畫平遠寒林，前所未有，……其後燕文貴，翟院深、許道寧輩，或僅得其一體，語全則遠矣。」

註卅四：見張澂撰「畫錄廣遺」，文收「美術叢書」四集第一輯，藝文印書館，第六四頁。

註卅五：見鄧椿撰「畫繼」，文收「畫史叢書」第一冊，文史哲出版社，卷一，第二七三頁。

註卅六：同註三十五，「畫繼」，卷十有云：「先大夫在樞府日，有旨賜第於龍津橋側，先君侍郎作提舉官，仍遣中使監修，比背畫壁，皆院人所作翎毛、花、竹及家慶圖之類。一日，先君就視之，見背工以舊絹山水揩拭幾案，取觀，迺郭熙筆也。問其所自，則云不知。又問中使，乃云，此出內藏庫退材所也，昔神宗好熙筆，一殿專背熙作，上即位後，易以古圖，退入庫中者，不止此耳。」

註卅七：同註三十五，二七一頁。

註卅八：同註十八。

註卅九：同註十八，第一九頁。

註四〇：同註二。

註四一：徽宗貶郭熙見註三十六，米芾貶李郭則見註十八。

註四二：同註三，卷四，一九九頁。

註四三：同註三，卷四，二〇七頁。

註四四：同註三十五，卷二見鄆王條，二七五頁。

註四五：同註三十五，「畫繼」卷二，見士雷條，二十六頁及同註一「宣和畫譜」，卷十六，見宗室士雷條，五六五、五六六頁。

註四六：同註三十五，卷二，見士衍條，二七八頁。

註四七：同註三十五，卷二，見士尊條，二七八頁。

註四八：同註三十五，卷二，見伯駒條，二七八頁。

註四九：同註三十五，卷三，見高燾條，二九一頁。

註五〇：同註三十五，卷五，見智永條，二〇八頁。

註五一：同註三十五，卷五，見任源條，三一二頁。

註五二：同註三十五，卷六，見戰德淳條，三二〇頁。

註五三：同註三十五，卷六，見瀟湘劉堅條，三二一頁。

註五四：同註三十五，卷六，見鮑洵條，三二三頁。

註五五：同註三十五，卷六，見李端條，三二三頁。

註五六：同註三十五，卷六，見劉益條，三二三頁。

註五七：同註三十五，卷七，見馬賁條。三二七頁。

註五八：同註三十五，卷七，見段吉先條，三二八頁。

註五九：同註一，「宣和畫譜」，卷十二，其內臣劉瑗條，五一一頁。

註六〇：同註一，卷十六，見宗室孝穎條，五六三頁。

註六一：同註一，卷十六，見嗣濮王宗漢條，五六二頁。

註六二：同註一，卷十八，見易吉條，五九七頁。

註六三：同註一，卷九，見宗克㚟條，四六七頁。

註六四：同註一，卷二十，見宗室令穰條，六二四頁。

註六五：同註一，卷十八，見崔愨條，六〇五頁。

註六六：同註一，卷十九，見內臣李正臣條，六一九頁。

註六七：同註三十五，卷一，二七三頁。

註六八：見「佩文齋書畫譜」第一冊，新興書局，第三三〇，三三一頁。「宋子俞子記試畫之形容詩題」條。

註六九：同註六十八。

註七〇：同註三十五，卷一，二七三頁。

註七一：見俞建華「中國繪畫史」上冊，商務印書館，第一六七頁。

註七二：見宋蘇軾撰「東坡論人物傳神」，文收「中國畫論類編」，華正書局，第四編「書吳道子畫後」，四五五頁。

註七三：見宋蘇軾撰「東坡論畫」，文收「中國畫論類編」華正書局，第一編「淨因院畫記」，四七頁

註七四：見宋米芾「畫史」，文收「美術叢書」二集第九輯，廣文書局印行，一二頁。

註七五：同註七十四，三〇頁。

註七六：同註七十四，二十五頁。

註七七：此則收入李日華「六硯齋筆記」、「中國畫論類編」華正書局，第六編，七五七頁。

註七八：滕固著「關於院體畫和文人畫之史的考察」收錄於「論山水畫」，學生書局，八八頁。

註七九：同註三十五，卷一，第一頁。

註八〇：同註七十八。

註八一：見朱瑞熙著，「宋代社會研究」，弘文館出版，十七頁。

註八二：同註八十一，一九頁。

註八三：同註一，卷十二，五〇三頁。

註八四：同註三十五，卷七，三二八頁。

註八五：同註三十五，卷六，三一六頁。

註八六：同註三十五，卷四，二九七頁。

註八七：同註三十五，卷四，三〇〇頁。

註八八：同註一，卷十二，五一一頁。

註八九：同註三十五，卷一，二七三頁。

註九〇：同註一，卷十六，嗣濮王宗漢條，五六二頁。

註九一：同註三十五，卷二，鄆王條，一七五頁。

註九二：同註三十五，卷五，三一一頁。

註九三：同註三十五，卷六，三二一頁。

註九四：同註三十五，卷十，三四七頁。

註九五：同註一，卷二十，六二五頁。

註九六：同註三十五，卷二，二七五頁，見趙公穰條「所見止京洛間景，不出五百里內故也。」

註九七：同註一，卷二十，五〇頁。

註九八：見「宋畫精華」上冊，故宮博物館出版，十三頁。

註九九：同註七。

第四章　南宋山水畫之發展大勢

第一節　南渡之初的政局與畫風

南宋政權的建立，是從建炎元年（一一二七）高宗在南京（河南商丘）即位時開始，隨後趙宋政權便開始南遷，七月宣布巡幸東南，同年十月高宗遷至揚州，以後一年零四個月揚州成了臨時的政治中心，在此期間，統治者一再揚言要捍衛北方，一面將家眷遷往杭州，企圖南逃，果然在建炎三年，金兵陷揚州，宋高宗逃至杭州，金兵撤走後，南宋政權決定遷都江寧（建康），以後金兵再犯，高宗又從建康逃回杭州（此後改稱臨安），在杭不久又逃往越州（浙江紹興），再逃往明州（寧波）、定海，復乘船逃入海洋，先後泊台州章安鎭、溫州。金兵撤退後，高宗由海上歸來赴越州，此後一年八個月，越州成爲臨時首都，紹興二年回臨安，紹興七年又曾一度移駐健康，八年（一一三八）初又遷回臨安，從此正式定都於此。

由靖康變亂一直到正式定都臨安，北宋末以來承平社會的享樂心理遭到了挫折，這在政治上所發生的慘烈打擊，使人們的精神與物質生活都失去了常態，由國破家亡的苦痛所感染的慷慨悲歌情調，取代了酣歌醉舞的享樂思想，北宋末華麗精巧的風格因而受了頓挫，轉而趨向淒清冷寂，悲瑟傷感之描繪，如李迪、李安忠等南渡花鳥畫家描繪之題材幾無不與荒寒淒苦之景象相配，由著錄中的「風雨歸牧」、「雪岸寒鴉」、「海棠滯雨」、「雪樹寒禽」等圖軸之名目來看，南渡之初，確因離亂之痛，轉北宋末的富麗典雅爲沈咽淒苦之音。

南渡之初，因河山變色，畫家們多無心寄情山水，即使是畫江山景色，也偏向蕭瑟悲涼之秋景與慘澹嚴寒之冬景，並於荒寒山色中寫披雪冒寒之行旅，如傳爲李唐、朱銳名下之「關山雪霽圖」、「江天暮雪圖」、「關山行旅圖」、「雪山運糧圖」、「秋山驅車圖」等均富含堅苦卓決之隱意。

李唐在畫史上所以有顯赫的地位是始於元代，實因李唐描繪了許多古代德行高潔者之典範，由於在畫作中表達了忠良復國之志，此種民族氣節被同遭喪國之痛的元代文人特別推崇，李唐的這一類題材還有「文姬歸漢圖」（胡笳十八拍）、「晉文公復國圖」、「伯夷叔齊採薇圖」、「渭水招賢圖」及「中興四將圖」等。【註一】李唐弟子蕭照亦有「中興瑞應圖」等類似題材。【註二】

總之，南渡之初，政局未穩，而畫家們身當國變，積極的民族思想與豪邁悲憤之氣瀰漫一時，北宋末盛極一時的「小景」，必須待政局穩定之後才有復出的機會。千家詩中所謂「山外青山樓外樓，西湖歌舞幾時休，暖風薰得遊人醉，直把杭州當汴州。」應該是正式定都杭州（紹興八年）以後的事，而決非建炎年間的事。

宋室南渡後，過了十餘年混亂危難的局面，到了紹興十一年（一一四一年），宋金就達成了和議，南宋得了江南閩廣一帶雄厚的生產力，社會經濟漸趨繁榮，人民生活日漸安定，朝野上下漸耽於逸樂，又步入酣歌醉舞的生活了，此時情狀正如詩所云：「宋之君臣定和議，笙歌晨夕遊西湖」，杭州當時的繁華，宮廷的酣宴，士大夫以及民衆的歡狂，都遠勝於以往的汴京，當時，雖亦有憂國傷時之士，但終究只是少數人，大部分的文人，又回到歌兒舞妓的懷抱。爲粉飾太平，高宗恢復前朝舊制，大興畫院，紹興時期畫院盛況幾可媲美徽宗畫院。而高宗以後各朝，亦能延續畫院之規制，使北宋末的畫院風格得以繼續蓬勃的發展。

南宋山水畫之風格，一般以光宗爲界（一一九〇），前期高宗、孝宗時期，以北宋末之「小景」風格爲延續，盛行類似唐代李思訓之青綠山水，筆法細潤，遺風所及，蔚成「院體」風格。後期光宗、理宗至南宋末，格局雖脫胎於前期之青綠山水，但構圖更爲簡逸，且能由細潤筆法走出，使用水墨大筆，一變拘謹精麗爲蒼勁暢快之風。此時期之代表人物爲馬遠、夏珪，畫史所謂南渡後「風格丕變」，指的就是馬夏風格。

第二節　南宋「院體」風格之發展

南宋初的「院體」山水與北宋末的「小景」並沒有太大的差異，它們均以工麗精謹見長，或許在形式上有些微的不同，這是因爲人事及地理景觀的改變，但在精神上其實是如出一轍的，南宋初山水畫的形成有幾個重要的因素：

一、南宋畫院之興盛

宋室雖偏安一隅，但在局面穩定之後，高宗便積極恢復前期圖畫院舊制，蓄意延攬原宣和畫院流落南方之畫家，根據畫史所載，除李唐於建炎年間入畫院外，原宣和畫院有十五人於紹興年間復職於高宗畫院【註三】，依畫史記載，紹興年間任職畫院者共廿九人，而宣和畫院名家過半，南宋畫院在延攬前朝畫院名手後，並恢復徽宗畫院所推行的補試及以詩取士，其中最著名的是劉松年之考「萬綠叢中一點紅」之試題【註四】。由於南宋初畫院的規模、制度及畫家均來自前朝，北宋末的山水畫風必定隨之南移而成爲南宋初的主流風格，今天許多無款「小景」，有時很難分辨是北宋末或南宋初，實因爲兩代畫院的風格具有太多相似的品質。不過，高宗以後，畫院實施「先呈稿後上眞」的作風【註五】，這種先起粉本草稿，經審查合格後才能彩繪的規矩，使畫院畫家的創意受到限制，筆墨愈趨細膩、色彩愈趨精麗，較之北宋，畫境不免略嫌板滯。

二、皇室貴族的影響

宋高宗一如徽宗雅好書畫，其書法造詣不在徽宗之下，其山水、人物、竹石悉臻精妙。北宋末期即已廣泛流行於皇室的「小景」，於南渡後亦先於宗室間展開，略舉一、二如下：

「士遵，光堯皇帝皇叔也。善山水，紹興間一時婦女服飾及琵琶、箏面，所作多以小景山水，實唱於士遵……。」【註六】

「伯駒，字千里。優於山水花果翎毛，光堯皇帝嘗命畫集英殿屏，賞賚甚厚。多作小圖……其弟路分伯驌，字希遠，亦長山水花木，尤長著色。」【註七】

由於皇室權貴喜好北宋末的「小景」風格，以仰承供奉於皇帝貴戚的畫士，爲了要獲得地位與賞賜，也競相學習此種畫風。於是，北宋末的青綠「小景」很自然的成爲時代的風尙。

三、當代文學風氣的影響

宋代文人多兼擅書畫，文風與藝術風格關係之密切已於前一章論及，然南宋文壇與北宋末文壇有所不同，北宋末蘇軾、柳永或黃庭堅的江西詩派均各有不同的風格，到周邦彥的格律詞派形成時，前述諸家在文壇上仍具相當的影響力。南宋除前朝曾因民族思想和高蹈思想使蘇軾一派的精神得以復活外，朱敦儒、辛棄疾諸人在紹興以後的酣舞酣醉中終不免受挫，此後，由周邦彥建立起來的格律古典派詞風隨著時代的轉變又復活了起來，形成最堅固的陣容與龐大的勢力，統制了整個的南宋文壇。

周濟的〔論詞雜著〕說：

「北宋詞，盛於文士，而衰於樂工，南宋盛於樂工，而衰於文士。」「因此北宋盛於文士，故詞中有名士氣，有詩人氣，有自由浪漫的精神，有活躍的生命與性格。因南宋盛於樂工，故詞中有音律美，有字句美，有形式美，有古典主義的精神，而缺乏活躍的生命性格。」【註八】

屬於格律古典詞派的作家，眞是多不勝舉，最重要者有姜白石、史達祖、周密諸人，他們的詞句務求雅正工麗，音律務求和諧精密，做出許多精巧唯美的藝術品。

北宋末文人的影響力，曾令畫院風格不致「俗化」，而南宋文人多自陷於雕章琢句審音協律的生活，對於「院體」風格的形式自是無力改正，反因畫家喜依附文學以表畫境，更使「院體」風格走向典雅與工巧的方向。由於極力講究技巧與唯美，不免犧牲了內容意境，所擁有的只是纖弱的情感。

南宋初的「院體」山水，實與北宋末的「小景」山水一脈相承，由於南宋畫院呈一枝獨秀的狀況發展，類似北宋文人不同取向的品評和影響力已不復見，「院畫」不免囿於畫院一隅，雖賴上層社會維護其「正統」地位，但逐漸流於形式化的精謹筆法和青綠設色，終究難以呈現西湖錢塘一帶水氣淋漓的抒情景緻。

第三節　馬夏風格

「馬夏」是一般人眼中最熟悉的中國山水，他們不僅是光宗、寧宗院體山水的佼佼者，更代表了與北宋雄偉形式山水相對的南宋邊角形式山水。畫史往往把馬遠與夏珪同提並列，是因爲馬、夏生時相近，而畫風亦相近的緣故，他們的構圖多取大自然的一個角落，故有「馬一角」、「夏半邊」之稱，他們的筆法多以簡潔暢勁的斧劈皴爲之，故亦有「水墨蒼勁派」之稱。

馬遠、夏珪的風格，顯示了一種與以往不同的革新和進展。然而，風格的革新應該是漸進的，是有跡可循的，馬遠與夏珪只是促使此一風格發展達到高峯而已。其風格上的特點大致如下：

㈠、構圖上所謂「馬一角」、「夏半邊」，即畫山水「全境不多，其小幅或峭峰直上而不見其頂，或絕壁直下而不見其脚，或近山參天而遠山則低，或孤舟泛月而一人獨坐，此邊角之景也」【註九】，他們常使視點集中於大自然的一邊或一角，並讓其他部分裸露或祇以淡墨染出，暗示空間的無限推遠。

㈡、筆墨上所謂「水墨蒼勁」，即以大斧劈帶水墨爲皴，不再是以往的中峯短筆，而是一筆到底，由中鋒到側鋒，由焦墨到水墨，由濃到淡，由枯到濕，一筆之內變化無窮，妙趣橫生，筆法的精鍊也就是水墨淋漓的最高度發揮。

㈢、樹石造形富奇趣，「馬遠松多作瘦硬如屈鐵狀，間作破筆，最有豐致，古氣蔚然。」【註十】（圖版十）由馬遠名下的幾幅作品可知，馬遠畫樹慣以瘦硬之筆勢往下呈散開而舒展的延伸於空際，猶如屈鐵長懸，其勢逼人，有硬朗疏明之趣。至於畫石，則馬夏「石皆方硬」（圖版十一），他們慣畫暴露的岩石，彷彿經長久侵蝕而呈現出帶角、多面的刻痕，如花崗岩被敲擊的面或平坦開裂的土台斷層，造形強烈奇特，是馬夏風格的一大特色。

㈣、設色簡淡，或不敷色，全以水墨爲之，由於不以丹青敷染爲主，水墨的使用就必須擔負前後遠近、陰陽向背、濃淡乾枯濕等複雜的功能，所以水墨的「氣韻」顯得生動豐富了，不論光與陰影形成的對比效果、空氣的流動或煙嵐的聚散等，都能藉水墨表達。從最濃郁的深墨到最細膩的淡墨，大自然的一切僅以收斂無比的單一色彩（黑色）來表現，顯得無比簡潔素淨。

很顯然的，馬夏山水與北宋之巨碑式山水已大異其趣，而且也從宋代畫院所尊奉之嚴整的青綠「小品」中走出，不論在時空觀念或技巧等方面都邁向前所未有的嶄新境地。

第四節　馬夏風格與李唐

關於馬、夏之師承，畫史均記載馬、夏師李唐，按李唐逝於建炎四年（一一三〇）【註十一】，而馬遠之生年雖已不可考，但馬遠父、祖兩代皆爲紹興畫院待詔，馬遠爲光、寧二朝待詔，則紹興三十餘年時，馬遠至多還在弱冠之齡；也就是說，李唐去逝時，馬、夏都還沒有出生呢！可見畫史所謂「師李唐」，僅是指師法其風格，而未師其人。

畫史上明顯記載馬、夏師承李唐是在明代文獻中才出現的，所謂南宋四大家，李、劉、馬、夏的說法亦源於明代，在南宋畫史中，並沒有關於李唐與馬、夏關係的記載，在元代畫史中，〈圖繪寶鑑〉是有聞必錄的一本書，記載馬、夏如下：

「馬遠、與祖孫、世榮子，畫山水人物花禽，種種臻妙，院人中獨步也。光寧朝畫院待詔。」【註十二】

「夏珪，字禹玉，錢塘人，寧宗朝待詔，賜金帶，善畫人物，高低醞釀，墨色如傳粉之色，筆法蒼老，墨汁淋漓，奇作也。雪景全學范寬，院中人畫山水，自李唐以下，無出其右也。」【註十三】

〈圖繪寶鑑〉距馬、夏尚近，沒有提到師承李唐的字句，而卻有同屬光寧朝的陸靑、張訓禮、高融昌三人師承李唐的記載【註十四】。由此可見，馬、夏師承李唐的說法並不可靠，否則夏文彥豈有不知的道理。

元代是文人寫意畫最盛行的時代，在文人觀念下的畫史，對於南宋院體畫的評價均不高，多有不願置評的意味，然而對李唐卻比較重視，如湯垕在其〈畫鑑〉中所述：

「若畫院諸人得名者，若李唐、周曾、馬賁，下至馬遠、夏珪、李迪、李安忠、樓觀、梁楷之徒，僕於李唐差加賞閱，其餘諸人，亦不能盡別也」【註十五】

湯氏等元代文人對南宋院體山水根本不重視，其所以看重李唐，祇因其「晉文公復國圖」、「伯夷叔齊採薇圖」等所含復國之思頗爲元際文人所仰重。

馬、夏和李唐的密切關係實源於明代，〈格古要論〉謂「馬遠師李唐，下筆嚴整」【註十六】，陳繼儒〈妮古錄〉謂「夏珪師李唐」【註十七】，其餘如未謀壂的〈畫史會要〉，張丑的〈淸河書畫舫〉，汪珂玉的〈珊瑚網〉等均提及李唐與馬、夏的關係，南渡四大家之聲名地位，在明代才節節高昇，這和浙派之興起有重要的聯繫。

浙派大師戴進，吳偉等之風格其實是接近馬、夏的，而周臣、唐寅、仇英的風格更可溯至南宋初期到馬夏之間。然而以馬、夏做爲這些人的先導似乎並不理想，而李唐生平事蹟頗富傳奇，且年代較遠，在敬老尊賢及尙古觀念的影響下，明代畫史論南宋山水必以李唐爲首，李唐遂隱然成爲南宋山水畫的宗祖，「李唐傳馬遠、夏珪」或「馬、夏師李唐」的關係就成爲畫史的一部分了。

當然，除了畫史、著錄的記載外，傳世的李唐作品和馬、夏的風格也是雙方師承關係的佐證，當代美術史家在替李唐和馬夏找關係時，一般是循著這條線索—萬壑松風圖（圖版十二）➡江山小景圖（圖版十三）➡高桐院山水軸（圖版十四）（日本）➡馬、夏山水。「萬壑松風圖」由於有「皇室宣和甲辰春河陽李唐筆」名款，有時代、年份、季節、籍貫、姓名，其餘有關筆墨、章法、造形、質地，收藏等各方面均可證明爲北宋晚期作品【註十八】，至於「江山小景圖」是否爲李唐作品雖沒有足夠的證據，然而此圖經筆者研究後認爲：

「筆墨俱佳，並無習性，是爲初創之作；即使非李唐所作，亦爲李唐稍晚且畫風相似之畫家所作，李唐身爲南渡第一大家，則所作當更勝於「江山小景」。因此「江山小景」可以視爲李唐風格轉變後的下限」。【註十九】

從「萬壑松風圖」到「江山小景圖」，由北宋宣和四年（一一二四）到南宋建炎年間（一一二七～一一三〇），由北方到南方，兩圖的自然觀、結構、造形、技法仍有其一貫性，惟「江山小景圖」筆勢較柔細，墨色較濕潤，而且裝飾性較濃（泥金點苔），因此，儘管環境已變，但畫家各人風格中的穩定性依然存在，當然，兩圖仍有所不同，如筆墨趨柔和溫潤和裝飾性的出現，若說這是李唐因地理環境變遷而有所改變，那麼李唐受到畫院折衷風格和「小景」的影響更是不容忽視的。由故宮宋畫中如「坐石看雲」、「奇峯萬木」等圖與「江山小景圖」之極似，可證明當代畫風畫意均類此圖，此種風格，北宋末已漸形成，並非李唐所創。

現存日本京都高桐院的二軸山水，自從昭和廿五年（一九五〇）由島田修二郎教授經科學方法照射後發現了李唐的簽名，遂被認為是李唐存世眞蹟之一，此幅以較長的斧劈皴作之，和「萬壑松風圖」截然不同，和「江山小景圖」也相距甚遠，但卻比故宮的「清溪漁隱圖」更為古樸，因而被史家認為是李唐晚年的代表作，而其筆墨、構圖的表現，亦可視為南宋水墨蒼勁派之先導，然此幅無論是章法、筆墨、自然觀以至於款印實無法證明為李唐所作。

高桐院的二軸山水，自從經科學方法在秋景圖中央的松枝下，發現了一湮滅不清的「李唐畫」款字（見圖版十五），遂改定為李唐作品。這兩幅山水早在江戶時代早期（約一六〇六以後，即明神宗以後）就從中國流傳至日本，過去數百年來均被誤題為吳道子之作，但未被史家所接受，而島田修二郎是以紅外線照射後放大才辨視出「李唐畫」三字，這兩幅山水經與故宮「清溪漁隱圖」對照後，畫史所稱李唐是馬夏風格的先導，為大斧劈皴的開創者的說法遂得到了印證。

李唐簽名發現之後，又有美國學者班宗華提議二幅山水應左右並置成現今的形式，它們原爲一幅，是後來被分割成二幅的，兩幅合而爲一，在研究時才較有意義，以下就構圖、筆墨、款字來做一分析：

㈠、構圖

一般而言，南宋院體山水畫所描繪的景比較狹小，故有「半邊」、「一角」之稱，他們所畫的實際景物很少，畫面空處較多，大部分均留白，這和北宋中峯頂立，儘量在畫中佈滿實景的畫法是不同的。「高桐院山水軸」，畫面的大部分塞滿了山石、樹叢、水泉等景物，它的視點雖近，但利用水泉與山路來推遠空間，顯示構圖方式尚未簡化到馬夏樣式。這二幅山水除右幅遠山外幾乎沒有空虛的部分，而遠山之下也沒有利用大量雲烟來表現空間的無限推遠，這些「實」的構圖法和馬夏是大不相同的。

和「萬壑松風圖」及「江山小景圖」相比，「高桐院山水」實是另一類風格，但由於二幅畫合而爲一，主山幾乎還在中央，仍有「巨碑式山水」的餘意，在時代上，至少可推至南宋初，可視爲「水墨蒼勁派」的早期風格。從兩幅作品四周取景的截然「斷章取義」來看，它們很可能都被截去了一部分，尤其在左幅左側爲然，「高桐院山水」原來可能是四幅合一的作品，因爲目前這兩幅合一後的尺幅比例，在古代並不多見。

(二)、筆墨

甲、山石：

「高桐院山水」的皴法甚爲奪目，左幅主山之上的皴法可以「大斧劈皴」稱之，勁利的線條自山峯向左下斜切，濃淡長短略有不同。在瀑布附近的山石皴法把明暗面表達的極佳，它利用濃墨溼筆皴出陰暗面，而以留白和渴筆皴出明亮面。由於山石的畫法感覺上十分質樸，形態頗富變化而並無形式化的現象，和一般所謂的「大斧劈皴」並不相像。

由於山石之輪廓幾乎不用線條勾勒，和「萬壑松風圖」和「江山小景圖」都不同，而代之以大大小小、各式各樣不同的皴擦及暈染來形成山石之立體感，筆勢雖粗放但濃淡乾溼的變化還是很微妙，可見畫家在作畫時態度極爲謹愼，再看右幅下方岩石，在一塊大石頭上可見大斧劈、小斧劈、有乾筆也有溼筆、濃淡變化各不相同，行筆方向亦不一致，顯見畫家用心用力、神謀手追，想盡各種不同的方式來表達對象的完整，但求曲盡形容，並不講究方法，此乃每一風格初創時的求眞態度使然，所以「高桐院山水」有穩定而內斂的感覺，它和馬夏山水暢快淋漓的皴法實有很大的差異。

嚴格說來，「高桐院山水軸」只有少部分是大斧劈或拖泥帶水皴，尙有部分小斧劈皴及介於兩者之間無以名之的筆法，在運用是應實際需要而做自由的混用。比較起來，南宋中期院體山水慣以直擦而下的大斧劈皴來作畫，不論前後、大小、遠近概以一種筆法出之的態度大不相同，一為早期開發時期，一已為成熟時期。

乙、樹叢：

高桐院山水軸在皴法上是一致的，但樹的結構、畫法卻有明顯的不同，比較如下：

右幅——本幅樹木柔和自然，樹身呈現各種不同角度的傾斜、生長姿態極富變化、生動，是十分客觀寫實的描寫。樹根露出，強而有力的紮根於土石之上。細觀用筆，謹愼而富變化，樹幹內之皴紋及墨色亦有粗細深淺之不同，是極為成功的描寫。

左幅——本幅樹木株株擁腫，已是一種形式化的畫法，樹枝生長姿態大同小異，毫無變化，且無前後、遠近、向背之描寫，既不合透視，也不合乎生長原則。尤以右下角樹梢上端的那一枯枝，以枯筆作飛白筆意寫出，和右幅之筆法完全不同，這樣的畫法，可能要晚到馬夏之後，甚至晚到元朝。本幅用筆草率而無變化，樹幹內並無皴紋，只以水墨略為暈染，無法表現樹身之立體感，樹根亦軟弱無力。

比較之後，可以察覺，左幅的樹木在感覺上，筆墨、結構均與畫中之山石無法配合，而右幅的樹木和山石是能合為一體的。所以，左幅的樹應該是後人所補上去的。

丙、水泉

宋人畫水泉，凡較可靠的北宋畫蹟，都是以簡練流暢的線條表現，把握的是水的「勢」和「質」，一般都以中鋒圖筆的鐵線描系統來畫水，行筆速度穩定而較慢，而時代越後，尤其是南宋中期，轉爲追求水之「態」和「形」，行筆的速度漸快，由於追求的趣味各有不同，因此有各種筆法出現，如馬和之用蘭葉描，「馬遠十二水圖」使用強烈的顫筆，劉松年「羅漢圖」用行雲流水描等。

大致而言，南宋的畫水趨向以較豪放遒勁，充滿生命力的筆勢來勾畫出流水的動勢，「高桐院山水」就有這種傾向，瀑布的線條斷斷續續，用筆極多，此種畫法顯然是要加強水泉的流動感。而水口下方之水紋有如一根根鐵釘於河面上跳動，頗能傳達波浪起伏動盪之勢。此種畫法，此種筆勢在趣味上和北宋諸家是不同的，而在南宋初、中期的作品也找不到類似的表現法。

「萬壑松風圖」及「江山小景圖」的水泉畫法和「高桐院山水」極爲不同。前兩者觀泉的態度是站在遠距離，靜觀水之勢而以簡練的形式表之，後者是站在近處，模擬水的躍動而以較複雜的技法來傳達。由於兩者的「觀物」態度完全不同，因此「高桐院山水」不屬北宋山水系統，和李唐亦不類。它應該是馬遠顫筆一類的早期風格，如果是未演化或簡化之前的馬夏先導，它的時代可以在南宋初或北宋末。

「高桐院山水」爲水墨畫，無設色，和南宋初青綠小景不同，和「萬壑松風圖」、「江山小景圖」亦不類。

丁、墨彩

綜觀其墨色，撇開左幅的樹不談，則兩幅墨色均極古雅，墨色層次非常豐富，不像馬夏作品之層次較明顯，在時間上，可視爲水墨蒼勁畫風的早期風格。至於是不是李唐，若是以「可比李思訓」而聞名一時的李唐而言，若以「萬壑松風圖」和「江山小景圖」來比較，則答案是否定的。

㈢、名款

「高桐院山水」有款，在右幅中間樹梢下有「李唐畫」三字，雖然李唐名款是經由紅外射照後放大才發現的，但若仔細觀看，以肉眼亦可辨出模糊的痕跡，這已經學術界認定的名款，其實仍有許多値得商確之處：

甲：宋人題款的形式約可分爲三類，一種是極爲恭謹的寫法；如「江行初雪，畫苑學生趙幹狀」、「嘉祐辛丑崔白筆」、「翰林待詔燕文貴」等，李唐之「萬壑松風圖」名款亦屬此類。另一種是畫院畫家呈畫時所用，由於一般畫院畫家的風格都爲皇帝所熟知，故往往不必署名，即令署款亦作「臣馬麟」、「臣李迪」，此種名款不必隱於樹石間。還有一種署款方式只書畫家姓名，如「蕭照」、「馬遠」、「閻次平」、「李嵩」等，這是比較普遍的方式。

「高桐院山水」之李唐名款爲「李唐畫」，這種署款方式在宋代並不多見，如果寫「建炎待詔李唐筆」或「李唐」、「臣李唐」皆可，唯獨「李唐畫」似乎不夠謙虛，且和宋人之署款方式不合。

乙：島田修二郎認爲本圖落款十分機智，非畫家本人不會如此署款。按宋人落款多在隱蔽處，如岩石或樹叢間等不影響畫面之處。本幅落款在樹梢旁、背後遠山墨色極淡，若非墨色脫落，一眼即可望見，毫不隱蔽，有何機智之處，實在令人不解。

丙：本幅李唐署款已模糊不清，因有墨色脫落的痕跡，顯示曾經有人將此款洗落，若以肉眼仔細辨之，勉強可認出「李」、「畫」兩字殘存的輪廓。然而這幅作品其餘各處墨色均保存良好，清晰可辨、完整如一，何以惟獨名款會被洗落而模糊不清？以李唐在南宋名氣之大，造其假畫還惟恐不及，絕無將其名款刮掉之理。

綜觀上述，「高桐院山水軸」之李唐名款並不足信，其所以將名款洗落，是想製造年代已久，墨已剝落的錯覺，或因原款太醒目而將之掩飾，不論是什麼目的，均不能合理的證明名款的眞實。

㈣、結論

由以上所舉各項可知,「高桐院山水軸」從構圖、筆墨等觀之,實爲淳古淡雅的初創風格,可視爲南宋水墨蒼勁派之先導,卻與李唐「萬壑松風圖」及「江山小景圖」相距甚遠,它的成畫年代,可由北宋末時的南方一至推到南宋初期。

如果就「萬壑松風圖」到「江山小景圖」和「高桐院山水」之間做一比較,可提出五個疑點:

①、李唐於建炎元年南渡(一一二七),就算他在同年復職於畫院後畫了「江山小景圖」〈假設是李唐所作〉,此時李唐已八十歲,距離他完成「萬壑松風圖」(一一二四)約有三年的時光,而距李唐卒年(建炎四年,一一三〇)亦僅有三年。李唐可能再從「江山小景圖」的古雅富麗轉爲「高桐院山水」那樣完全不同的風格嗎?這是時間上的疑問。

②、高宗曾題李唐「長夏江寺卷」謂「李唐可比唐李思訓」,據李霖燦教授研究,「長夏江寺卷」就是「江山小景圖」(按:只算類似而已),則李唐獲高宗雅愛者,必是如「江山小景般」的青山綠水,在他獲高宗恩寵後,他可能脫離時代風尙,悖離君王之所好而進行「水墨蒼勁」的另一種創作嗎?這是風格取向上的疑問。

③、南北地理景觀大不相同，一是「杏花春雨江南」，一是「駿馬秋風塞北」，故南北方畫風自古有別，如果「江山小景圖」是李唐所作，又是南渡之初（一一二七）的作品，則圖中之水景廣濶、筆墨溫潤當是錢塘一帶地理景觀的影響所致。但「江山小景圖」之後，李唐未再遷徙，他可能在同一地域內創作另一種截然不同的風格嗎？這是地理環境上的疑問。

④、畫家之個人風格，雖經時、空之變遷，仍能保有個人固有之特色，亦即畫家之個人風格具有某種穩定性。此所以「萬壑松風圖」和「江山小景圖」之間能保持許多聯繫，依此推論，此後三年內（一一三〇去逝）李唐的畫風仍應保有「江山小景圖」的特色，當不致在三年內風格丕變才是，這是個人風格穩定性的疑問。

⑤、考諸史籍，此李唐稍晚之畫院畫家，如蕭照、劉宗古、賈師古、張訓禮、張浹等【註二十】，甚或孝宗朝的閻次平【註廿一】等知名畫家均無水墨蒼勁或大斧劈畫風出現，李唐身為當代畫院最受重視的畫家卻沒有影響當代或稍晚的畫家嗎？此種風格可能跨越當代而由馬、夏間接承繼嗎？這是時代傳承上的疑問。

綜合上述，無論就畫史或畫作而論，李唐與馬、夏之間不僅沒有直接師承的關係，在風格上也大異其趣，如果硬把馬、夏風格歸之於李唐是不合理的，宋代山水畫發展史中的因果關係，決非單純地可以李唐來銜接。它還有更爲錯綜複雜的脈絡值得探尋。

第五節　馬夏風格的淵源

馬、夏風格形成的原因絕非幾個畫家風格的串連所可以說明的，它是由北宋以來、經濟、宗教、文化等各種因素滙集成的歷史潮流，它之出現，還得包括以下幾個重要原因：

一、水墨禪畫的發展

禪宗在中唐以後盛行不已，壓倒所有其他佛教宗派，唐代的門閥貴族和宋代的士大夫都在禪宗的思辯中愈鑽愈深，樂而忘返，禪宗和其他宗派之最大不同，就在於信仰和生活完全的統一，它不僅使佛教溶入中國本土的思想與文化中，也在藝術領域中開展出新的領域。

由於禪宗是從頓悟中豁然體驗「空」的內涵，使禪派畫家莫不以非理性的方式來傳達他們直覺頓悟的經驗，早在唐末，就已有畫家應用癲狂的方式來作畫，可能就是受到禪宗思想的啓發與影響，五代的貫休畫羅漢，「狀貌古野，殊不類世間所傳……見者莫不駭矚」【註廿二】，宋初的石恪，「工畫道釋人物，……益縱逸不守繩墨」【註廿三】，根據畫史的記載可知貫休與石恪，一奇特誇張，一狂放超脫，也就是詭怪和縱逸，這和禪宗之頓悟是無法言傳或描繪的理想是相近的。

詭怪和縱逸都因爲企圖以最簡約平淡的形象及筆墨來象徵無法言傳的直覺經驗，因而禪畫不免走向以簡御繁的象徵性繪畫，王維被文人畫奉爲宗祖的原因也就是因爲他「簡淡」「自然」「適意」的境界和宋代文人的禪學修養正好結合了。

宋代儒學之興即源於拒佛，理學家們也常批判佛學，北宋理學大師均視佛老爲「妖妄怪誕之教」【註廿四】，但他們自己或他們的繼承者，不是被禪宗所同化，就是反佛的態度趨於溫和，尤其程頤四大弟子，在程頤死後，均晚年嗜佛，流而爲禪，反佛的理學最後卻大多爲禪所同化。

北宋文人多與禪僧往來，接受禪宗「我心即佛」的理論，他們從事文藝批評，甚至還執筆創作，他們的創作和他們的理論在北宋末有很大的影響，自歐陽修「古畫畫意不畫形」【註廿五】，「蕭條淡泊，此難畫之意」，【註廿六】到蘇東坡「時時出木石，荒怪軼象外」【註廿七】，再到黃山谷「余未曾識畫。然參禪而知無功之功，學道而知至道不煩，於是觀圖畫悉知其巧拙功楛，造微入妙。然此豈可爲單見寡聞者道哉。」【註廿八】，北宋文人「以禪論畫」的心態是很明顯的。他們的理論是禪畫日後能興起的重要原因。

除文人理論外，米氏雲山和李公麟的「白描」之出現，形成了與青綠設色對峙的鮮明風格，可算是「禪」影響下的產物，然而，在北宋畫院極盛、崇道抑佛的環境中，禪餘墨戲的文人畫並未能取得絕佳的發展環境，但卻漸漸滲入了院體畫風之中。

北宋末徽宗雖尚道教，畫院以精麗風格見長。但亦不得不受禪學影響。徽宗時代的藝術品味可證之於〔宣和畫譜〕，由於道教與新黨集團的把持，〔宣和畫譜〕不僅不錄元祐時蘇東坡等文人之作，畫僧的記載也特別的少，據方豪〔古今圖書集成〕所載宋代僧人名畫家共有六十九人【註廿九】，而〔宣和畫譜〕託晉、隋、唐、北宋千餘年間只得僧人畫家七人，屬於宋代畫僧只有三人—巨然、夢休、居寧。這三人均列在各門之最後。〔畫譜〕貶斥僧人的用意是相當明顯的。然而，所謂僧夢休「煙雲風雪，盡物之態」【註三十】，居寧「酒酣則好爲戲墨作草虫，筆力勁峻，不專于形似」【註卅一】，這顯然已是簡放的禪宗風格了。

如果以放逸的水墨做爲禪畫在北宋發展的指標，則北宋末到南宋初類似禪畫的風格已有相當的進展，依〔畫繼〕記載，類乎禪宗風格者除蘇軾、李公麟、米芾等軒冕才賢外，尚有數十人，茲舉數人於後：

「廉布，……山水林石，種種飄逸，師東坡。」【註三十二】

「李石，……雖游戲間，而心畫形矣。」【註三十三】

「李甲，……作逸筆翎毛有意外趣。」【註三十四】

「僧德正，……專學龍眠，遇興伸紙揮毫，頃刻而成。」【註三十五】

「倪濤，……戲畫之蠅壁間，自題云：『……不如丹青手，快意風雨疾。……』【註三十六】

「文勳，……東坡跋其畫扇云：『……風落電轉，一揮而成之……』。【註三十七】

「張昌嗣，……必乘醉大呼，然後落筆。」【註三十八】

「邵少微，……筆墨草具而有餘意……。」【註三十九】

「費宗道，……『畫太速成，殊不加意』……。」【註四十】

「蔡規，……『揮灑若無心，筆端出萬怪』。……」【註四十一】

由〔畫繼〕所載，可知文人戲墨，簡淡放逸的畫風在北宋末院體畫盛極一時的年代仍然有相當大的發展空間，即令〔宣和畫譜〕也不得不在卷末列了新興的畫科——墨竹（附小景），墨竹敍論謂：

「繪事之求形似，捨丹青朱黃鉛粉則失之，是豈知畫之貴乎，有筆不在夫丹青朱黃鉛粉之工也。故有以淡墨揮掃，整整斜斜，不專於形似，而獨得於象外者，往往不出於畫史，而多出於詞人墨卿之所作，蓋胸中所得，固已呑雲夢之八九，而文章翰墨，形容所不逮，故一寄於毫楮，則拂雲而高寒，傲雪而玉立，與夫招月吟風之狀，雖執熱使人亟挾纊也。至於布景致思，不盈咫尺而萬里可論，則又豈俗工所能到哉。畫墨竹

與夫小景，自五代至本朝，才得十二人……。」【註四十二】

〔宣和畫譜〕把墨竹獨立爲繪畫十門中之一門，顯然墨竹在當時已經是很普遍的畫科，〔宣和畫譜〕所舉十二人中，除五代末李頗外，宋代則多爲宗室親王及文臣，其中沒有一人是職業性的院畫家，這是因爲〔宣和畫譜〕編者分類的標準並非完全取決於題材本身，而是將畫家的背景也列爲考慮的標準，所以，北宋畫墨竹者絕不止於十一人。

在〔宣和畫譜〕各卷中，只要看畫家名下的『今御府所藏……』的畫目中就可知畫「水墨」者不在少數，有樂士宣、吳元瑜、劉永年、崔白等，畫「水墨竹石」或「水墨松竹」、「水墨竹禽」一類的就更多了，「水墨」在南宋能成爲主流，其實在北宋就奠下了基礎。

從色彩褪淡爲水墨，早在中晚唐之交的張彥遠就在〔歷代名畫記〕中說過：

「草木繁榮，不待丹碌之彩。雲雪飄揚，不待鉛粉而白。山不待空青而翠，鳳不待五色而綷。是故運墨而五色具，謂之得意。」【註四十三】

他也記錄了當時少見的「潑墨」、「破墨」：

「……如山水家有潑墨，亦不謂之畫，……」【註四十四】

「王維……余曾見破墨山水，筆跡勁爽……」【註四十五】

可見簡淡放逸的水墨畫風在唐代已有，只是當時的主流仍是青綠的、裝飾性的山水。直到晚唐、五代，「水墨」繪畫才逐漸凌駕於賦彩之上。James Cahill說，「中唐以後畫家更少依賴顏色，卻更注重線條的描繪性和表現性力量。」【註四十六】，證之於五代宋初的山水畫確是如此，然北宋中期以後，畫院漸興，宮廷風格少不了顏色的堆積。北宋末徽宗畫院因而發展出兩種不同的風格，一是精工富麗的宮廷風格，另一則是用水墨渲染的技法，專尚清淡的筆墨情趣，這是受王詵、趙大年、吳元瑜、黃山谷等人的影響，將水墨放逸和精緻富麗的宮廷風格融爲一體，形成了北宋末最主要的折衷風格。

南宋畫院在高宗時代使青綠小景風格一枝獨秀，它沒有院外文人的刺激，很快就達到形式圓熟的鼎峰而僵化沒落了。此時，原本生機活潑，被宮廷風格抑制的禪宗水墨系統便漸漸凸顯，藉著十二世紀中葉以後，禪宗在杭州一帶的膨勃發展，禪宗精神不免要滲入畫院之中，蘇立文說：

「……禪宗繪畫都有一個共同點，那就是禪宗畫家將觀衆的注意力引導到一些描寫細膩的細節上，至於他們認爲不重要的地方卻草草的消失在迷霧中。這種處理方法很像坐禪中暝思的經驗，……。」【註四十七】

從馬夏作品的半邊構景、筆勢的放縱和墨色的渲染來看，說他們承自李唐是值得懷疑的，他們在精神上實有王維、蘇東坡、米芾等「簡淡」、「狂放」、「漓淋」的餘風。

徐復觀在「環繞南北宗的諸問題」一文中說：

「在他們的作品中，實流注著有一種憤怒、反抗的精神在裏面；因之，他們在大小環境的壓迫感中，有他們的人格上的掙扎，有他們在精神自我解放中所建立的另一種形式。所以他們作品的最大特徵是剛性的、力的表現。……他們不僅不屬於李思訓系統；也根本不屬於院畫範圍。他們除了吸收了院畫的技巧外，甚至他們實際是站在反院畫的一方面。」【註四十八】。

從現今馬遠名下的作品如「華燈待宴圖」、「深堂琴趣圖」、「踏歌圖」等內容來看，所謂「反抗的精神」似乎過於牽強，所謂「剛性的、力的表現」，應是約簡、提煉形象的結果，至於「反畫院」，馬夏從未脫離「院體」典雅的特色，他們的出現，並非僅是一時一地的政治、經濟、社會影響下的結果，他們還應有禪家一脈相承的淵源。

二、佛像馬家的家傳

馬遠畫風很難避免家世的影響，他的曾祖父馬賁、祖父馬興祖、伯父馬公顯、父親馬世榮、哥哥馬逵、兒子馬麟都是有地位的畫家，〈畫繼〉說馬賁「本佛像馬家之後」【註四十九】，〈圖繪寶鑑〉說「世榮二子，長曰逵，資遠，世其家學」【註五十】，如此，則馬家擅畫不止於五世，且一脈相傳，好幾代以前就擅畫佛像了，很可惜「馬家佛像」的面貌已不可考，但佛像畫在畫史上卻隱然有脈絡可循。

道釋人物在畫科分類上一向是最重要的一科，直到北宋末仍能與山水、花鳥兩科分庭抗禮，在北宋中期以前，道釋人物畫最受重視，因為統治階級要利用它作為政治宣傳的工具，無論官邸、道觀、寺廟，莫不大規模的繪製政教宣傳壁畫。當然，這種狀況下的佛像必定使用比較傳統的筆法來製作，但畫家在為現實政治服務之外，多能自出抒機，尤以道釋人物畫家的放逸解放精神表現得尤為明顯，例如甘風子之「然後放筆如草書法，以就全體，頃刻而成，妙合自然。」【註五十一】，李元崇之「欣然下筆，頃刻而就」【註五十二】，楊傑之「然後三兩筆，成就全體」【註五十三】。

北宋中期以後，道釋人物畫受禪宗影響已很明顯，李公麟「作畫多不設色，……筆法如雲行水流…」【註五十四】是北宋末道釋人物畫的典範，當時院畫家不僅學吳道子、李公麟，亦有學石恪者（見圖版十六）【註五十五】，可見自貫休，石恪以來的禪意人物已有逐漸成為道釋人物畫主流的趨勢，而夢休以迄梁楷（見圖版十七）、牧谿（見圖版十八）一路下來的發展，以畫佛像著名的馬家很難不受那符合禪意的風格所影響。而兼畫人物山水是宋代畫家常見的，馬家佛像與山水之間應該有其一致性，特別是在南宋山水畫取代人物成為繪畫的主流後，馬家山水隨馬家佛像之後而盛是合理的。

三、教外別傳的南方風格

史家在作畫史分析時，通常是把眼光放在「主流」風格上，而主流風格多來自於「主流」地區，好比西洋畫史在論文藝復興時往往忽略了義大利以外的地區，在論印象派時，除了巴黎，十九世紀末的西班牙、義大利也被遺忘了。

當我們論北宋山水發展時，雖然也知道南方董源、巨然，在論南宋山水時，也知道北方金朝有李山、武元直，但畫核心似乎不太注意政治史以外的邊疆地區。於是我們在爲馬、夏風格溯源時，很自然地從荊關、李郭、李唐、蕭照一路找下來，只要有個畫家在構圖、筆墨、觀點等表現中能合理的解釋出繪畫風格的演進，他們的傳承關係就被確定了，這樣的串連，不免遺漏了一個畫風形成的最根本因素——地方傳統。

在第二章中，本文已就政治、經濟、文化層面敍述南方的獨特性格，在歌頌巨碑式山水的時代，江南水鄉澤國的環境是難以與之呼應的，然而，早在北宋中葉以後，南方的發展就漸漸超越北方了，繪畫當然也不例外：米芾的尊董巨只是呈現南方漸起的一個現象而已，事實上，從「巨然再傳釋慧崇、釋慧崇再傳爲僧玉澗」【註五十六】，「惠崇以右丞爲師」【註五十七】的記載來看，江南畫家所以尙「平淡天眞」不僅是禪宗盛行的影響，亦是一脈相傳的地方風格使然。

久居江南的李公年、釋仲仁等之「出沒於空曠有無之間」、「有山水雲煙餘思」【註五十八】應該是南方畫風的一貫旨趣，這種「教外別傳」的地方風格早就爲北宋末文人所肯定，但要成爲歷史的主流，還得待政治中心南移以後才能凸顯，馬夏之地位，正是因緣際會地在「別傳」轉爲「正傳」之時出現，是正好成爲畫史之「主流」使然。

早在北宋末，趙大年的「秋塘圖」，惠崇的「沙汀煙樹」都已出現邊角構圖的圖式，比馬夏早些的金朝畫家王庭筠（一一五一～一二〇二），其「幽竹枯槎」（見圖版十九）卷的筆墨變化已較馬夏還複雜，另外，日本高桐院的「山水軸」不論在造形、筆墨、氣氛各方面都可視爲馬夏的先導，還有和馬夏差不多同時的玉澗，牧谿等也有水墨蒼勁的畫法，這些都是歷史發展中自然出現的風格，也是南方山水畫一貫的傾向，只不過是到馬、夏才具體化、形式化，由馬、夏而達於高峯，絕不是由不同時空跳接而成的，他們早已存在，終究要隨歷史的「南進」而出現，並因而接上「正統」。

四、結語

綜合前述，馬夏的邊角構景和水墨蒼勁的大斧劈風格，是禪宗水墨逐漸發展的結果，也可能是道釋人物風格轉向山水發展的變相，更應該是南方早已醞釀成熟的地方風格，如果僅以「殘山剩水」、「地理景觀」，或「師承李唐」等單一因素，實不足以充分說明馬夏風格形成的眞正原因。

註釋

註一：見厲鶚編「南宋院畫錄」，文收「畫史叢書」第三冊，文史哲出版，卷二，李唐條。

註二：福開森編，「歷代著錄畫目」，下冊，台灣中華書局，四三九頁。

註三：同註一，見蕭照條。

註四：大村西崖著，「中國美術史」，商務出版，一三六頁，並「畫史叢書」、「畫繼」卷一。

註五：見「南宋院畫錄」，卷一，第二頁。

註六：見鄧椿撰「畫繼」，文收「畫史叢書」第一冊，文史哲出版，卷二，見士遵條，二七八頁。

註七：同註六，見伯駒條。

註八：見「中國文學發達卡」，台灣中華書局出版，六三三頁。

註九：見格古要論條，文收「南宋院畫錄」，卷七，一三五頁。

註十：見「南宋院畫錄」，卷七，一三六頁。

註十一：「宋元明清書畫家年表」，見李唐條。

註十二：見「圖繪寶鑑」，文收「畫史叢書」，第二冊，卷四，一〇四頁。

註十三：同註十三。

註十四：同註十二。

註十五：見元湯垕著「畫鑑」，文收「歷代論畫名著彙編」，世界書局印行，一九四頁。

註十六：同註一，卷七，一三五頁。

註十七：同註一，卷六，一一九頁。

註十八：見「李唐及其山水畫之研究」，八十二頁。

註十九：同註十八，九十三頁。

註二〇：見夏文彥「圖繪寶鑑」，文收「畫史叢書」，文史哲出版。

註廿一：同註二十。

註廿二：見「宣和畫譜」，文收「畫史叢書」，文史哲出版，卷三，三十五頁。

註廿三：同註廿二，卷七，二十七頁。

註廿四：見熊琬著，「宋代理學與佛學之探討」，文津出版社，十七、十八頁。

註廿五：見宋沈括著「夢溪筆談論畫」，文收「中國畫論類編」，華正書局，第一編，四十三頁。

註廿六：見宋，歐陽修撰「六一題跋」，同前註書，四十二頁。

註廿七：「紀評蘇文忠公詩集」，卷二十八。引自徐復觀「中國藝術精神」，學生書局。
註廿八：「豫章黃先生文集卷二十七」。引前註書。
註廿九：依「古今圖書集成」所載統計結果。
註三〇：同註二十二，卷二十，夢休條，六二九頁。
註卅一：同前註，居寧條，六三二頁。
註卅二：同註六，卷三，廉布條，二九〇頁。
註卅三：同前註，李石條。
註卅四：同前註，李甲條。
註卅五：同前註，僧德正條，二九二頁。
註卅六：同註六，卷四，倪濤條，二九五頁。
註卅七：同前註，文勳條。
註卅八：同前註，張昌嗣條，三〇一頁。
註卅九：同前註，卷五，邵少微條，三一〇頁。
註四〇：同前註，卷六，費宗道條，三一五頁。
註四一：同前註，蔡規條，三一八頁。

註四二：同註二十，卷二十，六二一頁。

註四三：見張彥遠撰「歷代名畫記」，文收「畫史叢書」第一冊，文史哲出版社，卷二，「論畫體工用榻寫」，二十七頁。

註四四：同前註，二十八頁。

註四五：同前註，卷十，一二一頁。

註四六：見李渝譯「中國繪畫史」，雄獅圖書出版，二十一頁。

註四七：見蘇立文著「中國藝術史」，南天書局，一九六頁。

註四八：見徐復觀「中國藝術精神」，學生書局，四四五、四四六頁。

註四九：同註六，三二七、三二八頁。

註五〇：同註十二，七七三頁。

註五一：同註十二，卷三，七四九頁。

註五二：同註十二，卷三，七五一頁。

註五三：同註十二，卷三，七五三頁。

註五四：同註十二，卷三，七一八頁。

註五五：同前註，卷四，見焦錫條，七七六頁。

註五六：見俞劍華撰「中國繪畫史」，華正書局，一七〇頁。
註五七：見惠洪撰「石門文字禪」，卷二十六，「題墨梅山水條」。
註五八：同註二十二，卷十二，李公年條，五〇六頁。

第五章　宋代山水過渡的歷程

宋代繪畫的發展，大致可分爲四個階段：

㈠、宋初一百餘年，人物畫延襲唐代風格，而花鳥、山水崛起，漸成主流，花鳥畫徐熙、黃筌二體並勝，山水畫李成、范寬、董源，巨然亦相互輝映。

㈡、熙寧元豐年間，是文人學士最活躍的時期，也是畫院成長時期，美術思潮異常新鮮活潑，花鳥畫崔白，山水畫許道寧、郭熙、人物畫李公麟等都在創作上起了變化，米芾、蘇東坡等文人的理論及創作是此時期及以後繪畫轉變的重要因素。

㈢、宋徽宗及宋高宗時期，是城市經濟繁榮的時代，也是畫院、宮庭藝術最活躍的時期，宋徽宗的「宣和體」典型地代表了「院體畫」的特色和成就。

㈣、南宋以後的一百多年，是院體山水轉變的時代，馬夏樹立了新的時代風格，是山水發展史上新的進程。

兩宋時期三百餘年的山水畫發展，是一個體系完備的變化歷程，有如西方十六世紀到十九世紀，亦即由文藝復興到浪漫時代的變化過程，彷彿每一個藝術史系統，都必需有某些類似的歷程，文藝復興以後的歐洲藝術大致呈如下的變化：

①、十六世紀，文藝復興，質樸而充實、穩定。

②、十七世紀，巴洛克，豐富與動勢、壯麗。

③、十八世紀，洛可可，精美而細緻、小巧。

④、十九世紀，浪漫時代，情趣與幻想、感性。

在這四個主要時期外，在十八世紀末和十九世紀初，還有新古典主義時期，此時期描寫的是嚴肅而具訓誨性的史實或英雄人物，如大衛的「荷拉底兄弟的宣誓」。新古典主義的興起乃因時代的巨變——法國大革命，革命的情緒使當時文藝一反當代的貴族趣味與享樂主義，加上拿破崙有意模仿古羅馬的一切，遂使新古典主義在日漸浪漫的時代進程中回溯古典的歷史，雖然新古典主義巨作如此撼人，大衛的藝術令人景仰，但這樣的風格，既不承自洛可可，對浪漫主義也沒有提供成長的養分，它突然的來，突然的去，所以它是藝術史中一個比較特殊的風格。因此，在有脈略可循的藝術風格演變中，我們必須把新古典主義先提出來敍述，這樣，文藝復興以後的藝術才可以順著一條脈絡合理的路線進行。它大概是如此的：

①、由古典↓浪漫

②、由客觀→主觀
③、由質樸→感官
④、由巨作→小品
⑤、由無我→自我

把宋代山水畫的變遷與文藝復興以來的變化作比較，如果時代、地方改變而內容不變，兩者之間是頗爲相通的：

①、十世紀　北宋初期，質樸而充實、穩定。（文藝復興）
②、十一世紀　北宋中期，豐富與動勢、壯麗。（巴洛克）
③、十二世紀　北宋末期，精美而細緻、小巧。（洛可可）
④、十三世紀　南宋中期，情趣與幻想、感性。（浪漫主義）

至於南宋初那些富有民族主義及歌頌英雄的「訓誨畫」，就像革命情緒冷却後的法國畫壇，也像新古典主義一樣，在歷史既定的前進步伐中結束了它短暫的命運。由米開蘭基羅、盧本斯以迄於德拉克拉瓦等大師的作品中，莫不具有承先啓後的意義，他們在風格的轉換中有著代表性的地位，但新古典主義的大衛並不具這樣的意義，把他放在十六世紀可能更爲適合。同樣的，具有類似風格與時代背景的李唐，把他放在南宋初期，做爲山水畫轉變的關鍵人物與關鍵風格，倒不如把他放到北宋中以前（風格比較接近）更爲適宜，因爲，我們不能以大衛的風格說明洛可可轉到浪漫主義的關鍵，我們也不能以「可比李思訓」的李唐來做爲「山水南渡」的關鍵，釐清這個歷史上的變點，兩宋山水畫的歷程才能有比較有脈絡的系統可循。

兩宋山水畫變遷的過程，是一條逐漸南移的藝術規則，在審美思想、構圖意念及筆墨技法上，都可以清楚的看出中國山水畫「南渡」的必然性。

第一節　山水畫思想的蘊釀

郭若虛〈圖畫見聞志〉謂「若論佛道人物，仕女牛馬，則近不及古。若論山水林石，花竹禽漁，則古不及近。」【註一】這正說明了自魏晉以來的人物畫主流，逐漸移轉至山水畫，此一轉變，經長期蘊釀，至五代時技巧已告成熟，到了北宋不論形式、意境大都達到了高峯，但是，何以山水畫能取代人物畫？爲何在北宋才成熟？這是要了解北宋山水思想轉變前先要理清的問題。

山水思想是和山林文學一起誕生的，魏晉時代由老莊思想所引發對自然的追尋，必然帶有隱逸的性格，在這一種空氣之下，對「巖穴上士」莫不充滿景仰嚮往，然而當時的隱逸性格並未能使山水畫誕生，徐復觀認爲當時一般人的隱逸「只是情調上的，很少是生活實踐上的。有實踐上的隱逸生活，而又有繪畫的才能，乃能產生眞正的山水畫論。」【註二】，因之，他認爲眞正地山水畫論出現，是五世紀時的宗炳與王微。

宗炳在〈畫山水敍〉中說：

「聖人含道應物，賢者澄懷味象，至於山川，質有而趣靈……許由、孤竹之流、必有崆峒、具茨、藐姑、箕首、大蒙之遊焉。夫聖人以神發道，而賢者通。山水以形，而仁者樂。不亦幾乎。」【註三】

宗炳的思想可以說瀰漫老莊的精神，山川有質還要有靈才得生趣，如此可成爲賢者澄懷味象之「象」，由此進而可與道相通。宗炳把山水視爲精神寄託安頓的對象，並把中國山水畫得以成立的精髓以不太精確的文字表達了出來。與宗炳同時的王微，其〈敍畫〉也以能在山水中得到精神的解放來肯定山水畫具有獨立的藝術性。宗炳與王微在藝術精神上直接奠立了山水畫的基礎，但他們的作品，在南齊謝赫的〈古畫品錄〉中，仍以人物畫家身份出現，顯然他們尚未能在作品上奠定山水畫的基礎。

據〈歷代名畫記〉，卷一「論畫山水樹石」所述：

「魏晉以降，名迹在人間者，皆見之矣。其畫山水，則群峯之勢，若鈿飾犀櫛。或水不容泛，或人大於山，率皆附以樹石，映帶其地，列植之狀，則若伸臂布指。……。又於蜀道寫貌山水，由是山水之變，始於吳，成於二李。……窮於張通（張璪也）。通能用紫毫禿鋒，以掌摸色，中遺巧飾，外若混成。又若王右丞之重深，……。」【註四】

張彥遠在〈歷代名畫記〉卷二中稱吳道子：

「運思揮毫，意不在於畫，故得於畫矣。不滯於手，不凝於心，不知然而然。……張、吳之妙，筆才一二，像已應焉。」【註五】

張氏復在卷九稱李思訓：

「畫山水樹石，筆格遒勁，湍瀨潺湲，雲霞縹渺，時覩神仙之事，窅然巖嶺之幽。」

說李昭道：「變父之勢，妙又過之」。【註六】

張彥遠對吳道子的推崇，在〈歷代名畫記〉卷九還有「始創山水之體，自爲一家」、「下筆有神」等語【註七】。則「山水之變，始於吳」是可信的，但荆浩的〈筆法記〉却指出吳道子「有筆而無墨」，有筆無墨，則山川的體積，量感及陰陽向背等便不易表達，僅有「神」而無「釆」，山水的形貌不完備，因此不能達到山水畫演變完成的階段。李思訓父子雖以青綠設色描繪山水，但能「技進乎道，而不爲富貴所掩沒」，而「雲霞縹渺」、「荒遠閒致」【註八】，則顯示青綠設色不僅表現了色澤之美，也表達出山水畫的形體和意境，爲後來皴筆及渲染之開端，所以張彥遠的「成於二李」是很有一番道理的。

雖然李思訓父子完成了山水畫的形相，但金碧山水畢竟不符合中國山水畫得以成立的隱逸思想。所以荊浩說李思訓「理深思遠，筆跡甚清，雖巧而華，大虧墨彩。」【註九】在對現世肯定且充滿憧憬和執著的唐代，在豐滿的，具有青春活力的熱情和想像的盛唐文藝時期，金碧山水或可以滿足當時統治者的神仙思想，但却不能做爲高人逸士隱逸思想的反映。於是，「以水墨代青綠之變，乃是不知不覺中，山水畫在顏色上向其與自身性格相符的、意義重大之變」。【註十】

王維與張璪，都是略晚於李思訓的同時代人物。張彥遠說張璪「用紫毫禿鋒，以掌摸色；中遺巧飾、外若混成。」、「破墨未了」【註十一】說王維則是「余曾見破墨山水，筆跡勁爽」【註十二】荊浩說張璪是「氣韻俱盛，筆墨積微；眞思卓然，不貴五彩」（註十三）說王維是「筆墨宛麗、氣韻清高，巧寫象成，亦動眞思」（註十四），這些都說明了由青綠到水墨渲染的變革，是由張璪和王維所具現的，由於線條與渲染的「混成」，筆與墨不再是獨立而分開的描寫，中國山水畫的基本性格在水墨混成後才進入了「精神境界」中，所以張彥遠的「成於二李……窮於張通（張璪）」，已指出了山水畫的未來走向。張彥遠在〈歷代名畫記〉卷二「論畫體工用榻寫」中說：

「夫陰陽陶蒸，萬象錯布。玄化無言，神工獨運。草木敷榮，不待丹綠之采。雲雪飄颺，不待鉛粉而白。山不待空青而翠，鳳不待五色而粹。是故運墨而五色具，謂之得意。意在五色，則物象乖矣。……」【註十五】

從南齊謝赫六法中之一的「隨類賦彩」到「運墨而五色具」，從青綠的、裝飾性的繪畫轉向單色的、水墨的繪畫，中國繪畫早在唐代就已知從形象模擬中走出，而以自己的精神創造對象。張彥遠在〔歷代名畫記〕中還傳下了「外師造化，中得心源」（張璪語）兩句重要的話，成為最早具體地將主觀客觀統一起來的名言。

山水畫思想在中唐時雖已大致完成，但山水畫在唐代終非繪畫的主流，雄偉、燦爛、繁複的宮廷富貴生活仍得以華貴自信的人物表出，即令是王維，從著錄上看，也依然是以人物畫居多，眞正能確立山水畫之主流地位，把人放回宇宙山川去衡量的，是內省、靜定並富於詩意的宋代。

第二節　山水畫思想的集大成

一、荊浩的〔筆法記〕

五代宋初一直被視為山水畫的最偉大時代，荊、關、董、巨是山水畫史中不斷被提出來的開山祖，所以在論宋代山水畫的時候，五代通常亦一併講述。特別是荆浩，梅堯臣謂「范寬到老學未足，李成但得平遠工」【註十六】，認爲范李皆受荆浩影響，荆浩作品今已失傳，但由他的〈筆法記〉中可以得知宋初山水思想之完備。

〈筆法記〉第一段有「因驚其異，遍而賞之，明日携筆，復就寫之。凡數萬本，方如其眞」，說明了山水畫應以自然爲師，努力於寫生、觀察，從自然中學習模仿。〈筆法記〉第一段是荆浩思想的精華：

「……夫畫有六要。一曰氣。二曰韻。三曰思。四曰景。五曰筆。六曰墨。曰，畫者華也。但責似得眞，豈此撓矣。叟曰，不然。畫者畫也，度物象而取其眞。物之華，取其華。物之實，取其實。不可執華爲實。若不知術，苟似，可也。圖眞，不可及也。曰，何以爲似？何以爲眞？叟曰，似者得其形，遺其氣。眞者氣質俱盛。凡氣傳於華，遺於象，象之，死也。謝曰，故知書畫者名賢之所學也。……」【註十七】

荆浩的六要顯然是謝赫六法的繼承和發展。其中較不同的是把氣和韻分開來講，把氣的意義特別加重，他說「氣者，心隨筆運，取象不惑」，心隨筆運，其實是筆隨心運，畫家以思想統御用筆，描繪形象才能心有主見，取象不惑。六要中之「思」，是六法中所無，他說「思者刪撥大要，凝想形物」【註十八】這相當於「經營位置」，但含有想像與思考的意義。六要中之「景」，類似「應物象形」，但荆浩說「景者，制度時因，搜妙創眞」【註十九】，他要求景物必須合於季節時間和環境的變化，要集中再現自然景物的狀貌神情，因此，此「景」已非單純自然，而是形似和神似的兼備。他說：「似者得其形遺其氣，眞者氣質俱盛」【註二十】，山水畫要氣質俱盛，也就是形神兼備。

六要中的「筆」、「墨」，此謝赫的骨法用筆多提到了墨，荆浩曾說：「吳道子畫山水有筆而無墨，項容有墨而無筆，吾當採二子之長，成一家之體。」【註二十一】可見他對筆墨的重視和追求，他對筆墨的解釋是：「筆者，雖依法則，運轉變通，不質不形，如飛如動；墨者，高低暈淡，品物淺深，文彩自然，似非因筆。」【註二十二】也就是用筆雖有法則，但要加以變化，用筆要靈活生動；用墨要渲染物象的立體感和明暗關係。

除六要外，荆浩在文中提出華與實的觀念。華就是美，實是物之性、物之神，也就是物的生命感，荆浩要求由物之華而進入物之實，這也就是要求形質，形神的統一，才能「氣傳於華」，才能得物之「眞」。

〈筆法記〉的後段，不論是論「有形」、「無形」之病，或「須明物象之原」【註二十三】甚至「可忘筆墨而有眞景」【註二十四】，荆浩總結了繪畫創作上的種種問題，他要求物質與精神的統一協調，要求技巧與心靈的相融相應，雖然他在最後說「可忘筆墨而有眞景」，但在此之前得先「遍而賞之，……凡數萬本」，也就是筆墨技巧的修練，最後要能與創作者的精神成為一體，才能物我兩忘，才能將對象昇華為「眞景」。

由〈筆法記〉中，可知荆浩思想的幾個特色，這也是宋初山水畫所具有的特點：

㈠、眞實的自然實體仍是山水畫創作的主要依據，「六要」的核心是強調要在「形似」的基礎上表達出自然對象的生命。

㈡、氣韻成為山水畫的理想，外在的形似並不等於眞實，眞實就要表達出內在的氣質韻味，因此，山水畫逐漸走向水墨的純粹表現。

㈢、外在模擬和形似應化為內在風神的表達，而這種風神又要求建立在對自然景色、對象的眞實而又概括的觀察，把握和描繪的基礎之上！

二、郭熙的〈林泉高致〉

郭熙的〈林泉高致〉是山水畫創作體驗的總結，他在〈林泉高致〉中所透露的「畫之本意」，顯示了與五代宋初不同的心境，徐復觀認為：

「郭熙畫論的第一特點，是與荆浩一樣，他不是靠對作品的欣賞、觀想，所建立起來的；而實際是來自他創作中的經驗。第二特點，是他也和荆浩相同，完全擺脫了人物仙佛畫的傳統，而只繼承山水畫的一支，加以發展。他的第三特點，却與荆浩不同；

荆浩的重視林木山水，是於不知不覺之中，直承宗炳王微的隱逸心情，把它當作隱者全部精神解放的實踐。郭熙對於山水畫的價值，可以了解他是從隱逸者的角度敞開出來，轉而從士大夫的立場，來加以論定。」【註二十五】

從〔宣和畫譜〕卷十及卷十一的山水一門來看，山水畫家多爲隱士，盧鴻乃嵩山隱士，王維是「高人」、王洽、張詢、畢宏皆「不知何許人」，可知亦爲隱士，荆浩則隱居太行山，關仝亦隱士，董源只知「江南人也」，李成「避地北海，遂爲營邱人」，范寬「卜居於終南太華岩限林麓之間」。可知宋初以前山水與隱士的結合，乃自然而然的結合，不入山林，性情不能超脫世俗，則山水的自然不能任於胸次。荆浩的〔筆法記〕，對山水本質、神韻的體認及內在精神的涵養，能有如此深入的描述，正是從隱逸的角度予以闡揚的。

宋代儒學興起之後，在知識份子「治國、平天下」的意識下，在「先天下之憂而憂，後天下之樂而樂」的情懷中，隱逸思想必然敵不過積極入世的態度。然而，人生並不那麼如意，政治理想也不易實現，所以宋代文人在入世中不免響往另一種出世的精神境界。這種隱逸的響往不同於眞正的「歸田」，只是做爲精神的寄託與安頓，他們的隱逸性格，完全是士大夫的方式，這在郭熙的〔山水訓〕中很淸楚的透露出來：

「君子之所以愛夫山水者，其旨安在？丘園養素，所常處也。泉石嘯傲，所常樂也。

漁樵隱逸，所常適也。猿鶴飛鳴，所常親也。塵囂韁鎖，此人情所常厭也。煙霞仙聖，此人情所常願而不得見也。直以太平盛日，君親之心兩隆……，然而林泉之志，烟霞之侶，夢寐在焉，耳目斷絕，今得妙手鬱然出之，不下堂筵，坐窮泉壑，猿聲鳥啼，依約在耳，山光水色，滉漾奪目，此豈不快人意，實獲我心哉，此世之所以貴夫畫山水之本意也。」【註二十六】

由荆浩到郭熙，隱逸的觀念已由道家之隱轉爲儒者之隱，李澤厚對這種轉變有如下見解：

「不同於少數門閥貴族，經由考試出身的大批士大夫常常由野而朝，由農而仕，由地方而京城，由鄉村而城市。丘山溪壑，野店村居成了他們的榮華富貴，樓台亭閣的一種心理上必要的補充和替換，一種情感上的回憶和追求，從而對這個階層具有某種普遍的意義。……除去技術因素不計外，這正是爲何山水畫不成熟於莊園經濟盛行的六朝，却反而成熟於城市生活相當發達的宋代的原故。」【註二十七】

〔林泉高致〕可謂一部山水畫的百科全書，不但把古來的山水思想總結而詳加解釋，並提出了許多郭熙自己的看法。〔林泉高致〕的思想，大致有如下幾點：

㈠、畫意：〔林泉高致〕強調畫家的精神陶養，「世人止知吾落筆作畫，却不知畫非易事。莊子說畫史解衣盤礴，此眞得畫家之法」【註二十八】，郭熙的觀念是由來有自，張彥遠提及「意存筆先」【註二十九】，荆浩說「思者刪撥大要，凝想形物」，郭熙強調的畫意，亦爲落筆前之完整意象，這一完整意象，源於作者心靈的旨趣與靈動，其間猶需經過一段時間之醞釀。而畫家欲求畫意能有完全的自我表現，首先能不受羈絆，亦即解衣盤礡的精神。郭熙又有「易直子諒，油然之心生，……不覺見之筆下」【註三十】，這是說明精神的純潔與有情可使精神得到解放，如此則「境界已熟，心手已應，方始縱橫中度、左右逢源。世人將就，率意觸情，草草便得」【註三十一】，郭熙在這裡實已點出「寫我胸中逸氣」的藝術創造之眞諦。

㈡、觀照：郭熙在〈山水訓〉說：

「嵩山多好溪，華山多好峯……奇崛神秀，莫可窮其要妙。欲奪其造化，則莫神於好，莫精於勤，莫大於飽游飫看，歷歷羅列於胸中，而目不見絹素，手不知筆墨，磊磊落落，杳杳漠漠，莫非吾畫」。

郭熙所謂「欲奪其造化」、「歷歷羅列於胸中」，強調的是要理智的窮極觀照，這是要畫家以嚴謹的態度來看自然，就空間觀而言，他說：

「山近看如此，遠數里看又如此，遠十數里看又如此，每遠每異，所謂山形步步移也。」【註三十二】

「山正面如此，側面又如此，背面又如此，每看每異，所謂山形面面看也。」【註三十三】

此外，還有時間方面的「四時晨昏看山水」、「日影明晦看山水」及地理上的「東南之山多奇秀」、「西北之山多渾厚」，甚至各個名山巨鎭之各自特色，在〈山水訓〉中，郭熙已從各種不同的角度來把握山水的特性和精神，亦即「奪其造化」。

「奪其造化」後才能「目不見絹素，手不知筆墨」，因爲純熟之至而能心手相忘，甚至忘了絹素筆墨。此即莊子所謂的「得心應手」。徐復觀說：

「能『中得心源』，然後能『外師造化』。亦惟能『外師造化』而心源乃有著落，乃能具體地展現、展開。所以一個偉大地藝術家地藝術精神與表現能力，乃是由內外交相養所塑造成的。」【註三十四】

對山水所取的觀照方式，郭熙說：

「眞山水之川谷，遠望之以取其勢，近看之以取其質」，【註三十五】

繼承了唐代山水畫遼濶的視野和結構、復用筆墨去綜理山川的構成和脈理，郭熙要表現雄渾蒼莽的宇宙，也要感受物質世界構成的微妙。

對於「遠取其勢」，郭熙提出了三遠法：

「山有三遠。自山下而仰山顚，謂之高遠。自山前而窺山後。謂之深遠。自近山而望遠山謂平遠。高遠之色清明，深遠之色重晦，平遠之色，有明有晦。高遠之勢突兀，深遠之意重疊，平遠之意冲融而縹縹緲緲。其人物之在三遠也，高遠者明瞭，深遠者細碎，平遠者冲澹。」【註三十六】

其實，五代宋初山水畫已經使用了三遠法，但到了郭熙才清楚明瞭的指出三遠所代表的意義。並且，還在「明瞭」、「細碎」、「冲澹」三者中暗示並導引了山水畫走向平遠的一方發展。

㈢、筆墨與詩意

郭熙在〈林泉高致〉中把筆法歸納爲八種，即「斡淡」、「皴擦」、「渲」、「刷」、「捽」、「擢」、「點」、「畫」。而墨也分「濃墨」、「焦墨」、「宿墨」、「埃墨」及「青黛」，對於筆墨技巧，郭熙不但做了極爲詳盡的說明，並以書法之運筆來比之作畫的用筆，他說：

「故說者謂王右軍喜鵝，意在取其轉項如人之執筆轉腕以結字，此正與論畫用筆同。故世之人多謂善畫者，往往善書，蓋由其轉腕用筆之不帶也。」【註三十七】。

在〔畫訣〕中，已經顯出郭熙對「筆」與「墨」的興趣，中國山水畫強調個人主觀表現的「筆墨」傾向，已在此時逐漸萌芽了。

郭熙於〔畫意〕中說：

「更如前人言：『詩是無形畫、畫是有形詩。』哲人多談此言，吾人所師。」【註三十八】

足見郭熙雖在創作上雖不似後來文人畫詩畫合一之表現，但在觀念上已有合一之認識。他所說的「古人清篇秀句，有發於佳思而可畫者。」【註三十九】，是第一位正式提出以詩入畫之畫家。

郭熙說：「余因暇日，閱晉唐古今詩什，其中佳句有道盡人腹中之事，有裝出目前之景。」【註四十】，他認爲詩人的詩境和畫家的畫境是相通的，畫是詩之具體化，由詩可以啓發畫思。以詩意入畫，身爲神宗畫院藝學的院派畫家郭熙已有此觀念，更何況是蘇軾、米芾等文人畫家，山水畫走向主觀意境的發展也在此時就已顯示了。

從對大自然的詳盡觀察到構圖的嚴謹，既要曲盡形容對象之形貌，又要廣泛表達內在氣韻，〔林泉高致〕的出現，顯示中國山水畫已經達到形式內容合一的頂峯，以往的山水畫發展，在此時才逐步累積達到最完備的階段。但也在此時，山水畫的發展要從這高峯落下，不自覺地從中選擇了某些不同的方向去發展。

第三節 文人美學思想的成熟

宋代文人大多詩、書、畫樣樣精通，因之各類文藝的審美趣味是相通的，北宋中葉起「平淡自然」就是文藝審美的標準，最初揭示這個觀念的是北宋古文運動的宗師歐陽修，歐氏之古文已與韓愈、柳宗元大不相同，質樸平易而且意境幽遠，其後之宋代古文大家雖各有面目，但都不離歐氏重意不重形的古文運動初旨。

歐陽修在詩文中有謂：

「古畫畫意不畫形，梅詩詠物發隱情。忘形得意知者寡，不如見詩如見畫」【註四十一】

「蕭條淡泊，此難畫之意。……而閑和嚴靜趣遠之心難形。……」【註四十二】

歐氏所謂「忘形得意」、「蕭條淡泊」實已決定了後代文人論畫的取向。其後蘇東坡有「寄至味於淡泊」【註四十三】、梅堯臣有「作詩無古今、欲造平淡難」【註四十四】，黃山谷有「學道而知至道不煩」【註四十五】由歐陽修一路下來，宋代學者莫不承繼老莊思想，他們強調「簡約凝鍊」的形式與莊學精神是相同的。

藝術史學者往往就儒學、理學、文學等不同的思想來分析繪畫變遷所受到的影響，尤以理學家反對文藝的事實對繪畫發展有相當的影響，所以有些學者認為理學與繪畫的關係並不如文學家對繪畫的影響重要。其實不然，宋代文學家所謂的「平淡自然」並不同於簡易、簡陋，而是必須經過錘鍊，經過琢磨才能達到的，蘇軾所說的「常理」是相對於「常形」的客觀事物之內在本質，這個本質是依乎天理的自然規律，這樣的觀念已近於理學家對宇宙本體的探討，這是很深的境界，無怪乎一般匠工是難以理解的，此「非高人逸士不能辨」【註四十六】。文學家的「平淡自然」和理學家的「格物窮理」看似相異，在北宋中葉以後它們其實是相近的。

「格物窮理」的思想，有其深淺不同的意義，宋代完備的寫實主義可溯源於此，睜開心眼，洞澈自然旨趣的放逸思想亦由此而生，一個是睜大了「肉眼」後的精細觀察刻畫，一個是打開「心眼」默契後的物我交感。前者是以外在的形象征服，達到內在氣韻的方法，後者是以明心見性的方法突破外在的阻隔，直覺到內在生命的律動。不論是透過高度寫實技法與詩意的融合，而達到形似氣韻兼備的「神品」，或透過簡略淡雅的形式與象外之意，而達到氣韻與性靈融合的「逸品」，兩者皆受理學、文學、道學的影響，它們在北宋中葉以後分別成爲「院體畫」和「文人畫」所追求的目標。而「文人畫」的進展更在以後主導了中國繪畫的發展。

董逌在〈廣川畫跋〉中說：

「觀物者必窮理，理有在者，可以盡察，不必求於形似間也。」【註四十七】

董逌所說的「窮理」乃是指自然世界的秩序本質，這種精神若要藉繪畫來表現，則筆墨之中也得歸結出一種秩序本質，這種本質當然不是寫實主義的形似，而是現象背後的永恆秩序。如果以西方繪畫來說明，則後期印象派塞尙所追求的「自然法則」與宋人的「格物窮理」是一致的，西方繪畫自塞尙以後一步步地走向形色自足的「觀念繪畫」，而中國繪畫自北宋後也一步步地走向筆墨氣韻自足的「文人畫」，他們都同樣在揚棄了「形似」後逐漸遠離了自然世界。

當畫家逐步向自然「逼近」以求自然之「本質」時，便逐步放棄了自然形象的追求，畫家可以不再依視覺經驗所得來造形，改以視覺的內在認識形態來造形。但自然形象是容觀而可以掌握的，自然精神則是主觀而難以言喩的。畫家一旦不再依賴自然，終將把自己的意識擴充爲自然的意識。元代文人畫和西方的觀念藝術一樣，是主觀意識不斷膨脹的結果，形式逐漸被排除，藝術也逐漸走向哲學的境界。中國繪畫之所以走向「文人畫」，不止是文學家的審美態度使然，理學家的「格物」、「窮理」應該是更爲關鍵性的因素。

北宋文人美學思想在鄧椿的〔畫繼〕卷九「論遠」中有很完整的敍述，尤以對逸品的說明最爲重要：

「自昔鑒賞家分品有三：曰神、曰妙、曰能，獨唐朱景眞撰〔唐賢畫錄〕，三品之外，更增逸品。其後黃休復作〔益州名畫記〕，乃以逸爲先，而神妙能次之。景眞雖云：「逸格不拘常法，用表賢愚。」然逸之高，豈得附於三品之末？未若休復首推之爲當也。至徽宗皇帝專尙法度，乃以神逸妙能爲次。」【註四十八】

其實，畫中首先推崇逸品是始於張彥遠，他在神品之上還有個「自然者上品之上」，而黃休復對逸品的定義是「筆簡形具，得之自然，莫可楷模，出於意表」【註四十九】，據此可知，逸即自然。則張懷瓘有逸品這一名詞而未重視。到張彥遠才重視，但却沒有特別強調，以致未爲後人推崇，直到黃休復把逸品置於四格之首，說得最爲具體，而後鄧椿繼續推崇，北宋末「逸格」之獲推尙，是文人畫家藝術審美觀的反映。

任何藝術批評標準，都包含著評論者的藝術趣味和審美觀，黃休復推崇逸格，宋徽宗時就把黃休復排列的次序否定了，改成「神、逸、妙、能」，徽宗變動四格次序，反映了他「專尙法度」的審美觀。「拙規矩於方圓，鄙精研於彩繪，筆簡形具」的逸格和畫院的「法度」正是相對立的，喜愛精謹微妙筆墨的徽宗，當然要把逸格從首位降下來。

徽宗列爲四格之首的神格，黃休復的定義是：

神格：

「大凡畫藝，應物象形，其天機迥高，思與神合。創意立體，妙合化權，非謂開橱已走，拔壁而飛，故目之曰神格爾。」【註五十】。

按黃休復所述，「天機迥高」是指畫者的觀照能力，能夠「思與神合」，則是主觀之思與客觀之物之神合一的精神境界。而「妙合化權」是說表達了造化與神相融的情境。這樣的「神格」，徐復觀說明是：

「能忘去技巧，則心能從技巧中解放出來，以其自身的精神性，與物之精神相合；而於不著意之中，將此主客合一的精神傳之於手的技巧。此時手與心應。它所表出者，乃由此主客合一的精神所構造之形，有如造化之生物，而非復是由作者向既成之物所模仿的形，此之謂神格。」【註五十一】

依據黃休復、徐復觀的說法，神格已經達到繪畫表現的頂峯，所謂的形神、氣韻、人品等文人所推重的特質，皆可在神格的範圍內，神格實已達到「超凡入聖」的境界了，既然神格已是至高的表現，爲何還有一個比至高還要更高的逸格出現？這當然和理學的南化及禪宗思想的發展有關。默坐澄心的理學家和捨棄一切煩惱儀式的禪著，均要求在日常生活中保持或具有一種超脫的心靈境界的修持，他們不再是苦修苦練，而是「頓悟成佛」，他們要「從聖入凡」，回到「山還是山，水還是水」，回到像日常生活般的平淡自然。逸格之崇高地位所以在黃休復時才奠定，在時代上是絕非偶然的。

雖然宋徽宗把逸格從首位降下，但文人畫家的審美觀在北宋中葉以後已經是導引繪畫發展的最重要因素，雖然篤信道教、專尚法度的宋徽宗是以華麗的裝飾風格來指導畫院，但他本人及皇室畫風的風格仍然有李郭畫風之遺意，即令有意追摹唐畫的青綠山水（如王希孟之千里江山），如果去除那層青綠設色，則青綠山水和折衷風格之間（如傳屈鼎的「夏山圖」、傳王詵的「煙江叠嶂」的差異並不明顯，可知當時的山水顯然已受到超出於形似之上的「高逸」的影響，就連院體山水亦不能例外。

逸格獲鄧椿的推崇，正是文人審美觀也逐漸成爲院體山水的標準的時代。逸格，除得之於詩的揣摸啓發和禪學之影響外，也是繪畫形式達於鼎峯（神品）後的反省，達於完備後的解散。此後，具體而微、筆簡形具的山水畫（逸品）便成爲中國繪畫的主流。

山水畫的思想和技巧，經長期醞釀，至五代宋初時已初步完成，到北宋中葉時則達到了形式與內容兼備的頂峯，但也在此時，中國山水畫就往它最初成立時的隱逸思想回溯，從王詵、趙大年的山水畫、文與可與蘇軾的竹石枯木，我們已經隱然看到南宋繪畫的影子了。

第四節　宋代山水畫構圖意念之轉變

一、空間觀的轉變

中西繪畫在形式上有明顯的差異，中國卷軸畫的尺幅是可以自由延伸收放的，而西方則是有一定比例的長方形畫幅。西洋繪畫的傳統形式，是建立在客觀的視覺基礎上，屬於固定視點的透視，因而視線的上下左右的極限就形成了畫布、畫紙般的固定形式；中國畫是以移動視點的空間觀爲基礎，遂造成了中國藝術所特有的形式，即連續而流轉的空間與時間觀。

在長沙馬王堆一号墓出土的西漢「非衣」（見圖版二十），是中國立軸形式的初胚，在縱長的尺幅中空間分成三段（三個焦點），觀賞者須以上下移動視點的方式欣賞。同樣的，在東晉顧愷之的「女史箴圖」（見圖版二十一），「洛神賦圖」（見圖版二十二），北魏敦煌257窟的「鹿王本生變相圖」，428窟的「須達拏太子本生圖」，隋302窟人字坡東西側的壁畫，唐韓滉的「五牛圖」……等，皆爲連環畫般的以移動視點來表現整個故事的情節，這種空間和時間的延展特性，隨著山水畫的興起亦成爲山水畫的特色。

在馬王堆的漢初帛畫中，三個視覺空間還沒有內在必然互應的關係，只是像連環畫一般的展開（凌亂的空間觀）。在五代南唐趙幹的「江行初雪圖」中，我們看到畫家「兼容並蓄」

的將所有實景描述了下來，畫中的近景，中景都如實地畫出，畫家的立足點是靜止的，只是站在江邊，所有景緻都可以一目了然。這與敦煌壁畫在空間和比例上的凌亂相比，可說是現實化空間觀的達成，但卻不是移動的視點。

北宋范寬的「溪山行旅圖」就是綜合了複雜的觀點來完成的，故宮博物院副院長江兆申在〈從畫家構圖意念來看中國山水畫的舊有進展〉一文中於此有詳細的說明：

「…畫家在構成這一幅畫的時候，他的觀察點成梯形的上昇。對所描寫的對象，隨時調整適當的距離，所以若從側面去看，他上昇的那條線是弧形的。但從正面看，他始終沒有左右擺動的現象，保持著近景大石正中的中線部位。因此他把各種不同高度所見的景物，用自己的思想把他鎔鑄起來，合理而協調地把他表現出來……」【註五十二】

移動觀點的空間觀在范寬的「谿山行旅圖」中，還只是以較單純的方式呈現，其空間段落的推移具有強烈而正面性的垂直跳接性質；所以仰望山巔，高聳的山巒直逼而來，由於這種「正面性」的構築法則，使「谿山行旅圖」長於「高度感」的營造，而較難展現空間的「深度感」，因而山巒的立體化（體積感及延展性）還不能達到理想的境地。

郭熙的「早春圖」，可謂中國山水畫「可以觀、可以居、可以遊」的最佳倒證，郭熙納高遠、深遠、平遠於一爐，其移動視點的空間觀不同於「谿山行旅圖」的正面性及垂直中線的法則，「早春圖」由下而上，巨山、山巒、溪流、奔泉，是以具有律動感的方式蜿蜒而上，一條S狀的彎曲主線把空間的連續感營造的異常生動，不僅使山川透出生機活潑的一股內蘊，更達到郭熙所強調的蒸騰而變態不定的山川靈動之狀態，此即「林泉高致」所謂的：

「早春曉煙：驕陽出蒸，晨光欲動，曉山如翠，乍合乍離，或聚或散，變態不定」。【註五十三】

移動視點的空間觀在郭熙「早春圖」中實已達到最完美的境界，此後的山水畫構圖意念就逐漸由複雜而趨單純，山水畫的構圖方式在北宋末實已轉向較接近西洋繪畫的定點透視觀，北宋末的册頁、團扇，甚至於較大的短卷，大體而言都是由高處俯視遠望，不須移動視點，即可獲得全景，在這樣的觀點下，雄峻居中的山嶺不免再轉爲煙霧深處的林渚，北宋末山水畫遂不再追求居大飽滿而要強調空間大氣的幽深感。

在構圖意念轉向單純時，李唐的「萬壑松風圖」應該是個例外，他此范寬、郭熙更進一步地使山水畫的構圖意念複雜化，據江兆中的研究，李唐的構圖意念是古畫中最複雜的一幅：

「李唐萬壑松風圖的構圖，大體上也可分成三段，但對景物的觀察點卻複雜的多；近景松林坡石，是出於平面的深視，而立足點在畫面的正中，所以地平線成爲平面的向前延展，一直到可見物的盡處，近大遠小，地面形成三角（第一眼）；然後做第一次的昇高，立足點保持中線而不移動，眼睛則向左右分別注視，他仔細的觀察右方，完成了右阜俯瞰意象（第二眼），再向左方注視，完成左阜的俯瞰意象（第三眼）；由於這三種不同角度的觀察，所以構成這幅畫下半幅的立體感。然後再作第二次的昇高，……。然後作第三次的昇高，對遠景主山作細則性的觀察（第七眼），所以范寬的谿山行旅圖，大致說起來，祇有三個注視點，而李唐的萬壑松風圖卻增至七個注視點。」（見圖版二十三）【註五十四】

李唐的複雜化畢竟是山水發展史上的異數，猶如大衛在十九世紀初的雄強（浪漫才是當時的潮流），藝術史上每一個風格的最高點也必定是另一個起點的開始，早在李唐「萬壑松風圖」之前，趙大年「湖莊清夏」中的斜角線構圖及「迷遠式」已經顯示了山水畫要從郭熙的完美走向另一個方向，而為數眾多的「小景畫」也預示了往後山水畫的取景範圍將逐漸縮小，構圖意念也漸趨單純。雖然宋徽宗時代有「全境山水」的理想，但已不再有雄強壯濶的氣勢，那藉著層疊交錯的山頭來提示空間深度的作法，事實上只有很單純的構圖意識，而不需要移動視點，也不需要費盡心力去搏合三遠法之間的矛盾。

畫家的取景範圍縮小，畫的主體便要由巨峯轉向山間的一角，「一株落葉木，兩塊石頭，一叢竹葉，構成了近景；幾隻鷺鷥，一彎曲水，數叢寒葦，構成了中景；一抹遠山，構成了

遠景。而事實上只有近景、中景構成了畫面，也就成了標準的『馬一角』，遠景雪山，只是襯染而已。」【註五十五】

如果北宋山水畫所追求的是客觀山水，元代山水無疑是主觀山水畫的代表，一爲無我之境，一爲有我之境，而南宋山水則介於此兩者之間，李澤厚在〈美的歷程〉中說：

「比起北宋那種意境來，題材、對象，景旗、畫面是小多了，一角山岩，半截樹枝都成了重要的內容，佔據了很大畫面，但刻劃卻精巧細緻多了，自覺的抒情詩意也更爲濃厚、鮮明了。」

「由有限（畫面）中出無限（詩情），與詩文發展趨勢相同，日益成爲整個中國藝術的基本美學準則和特色，……北宋畫那種地域性的不同特色便明顯消褪。那裏沒有一角山水，半截樹枝呢？……描繪的具體景物儘管小了一些，普通性反而更大了。」【註五十六】

其實，北宋山水畫的發展一直是有脈絡可循的，當藝術家利用複雜的方法來表現山水時，主觀情感（詩情、隱逸思想……）也慢慢滲入山水的「氣韻」中，而且，這個「氣韻」已由客觀對象逐漸轉爲主觀意興。所謂「狀難言之景列於目前，含不盡之意溢出畫面」，這個中國山水畫的理想在固定視點的詩意小品中較以往更能鮮明的表達出來。因而，中國山水畫必定不再冀求大境界的移動視點的空間觀。而這個「空間觀的轉變」，事實上，在北宋中後期就已慢慢出現了。

二、虛實觀念的轉變

郭熙的〈林泉高致〉中曾提出：

「凡經營下筆，必合天地，何謂天地？諸如一尺半幅之上，上留天之位，下留地之位。中間立意定景。見世之初學，遽把筆下去，率爾立意觸情，塗抹滿幅，看看塡塞人目，已令人意不快，那得取賞於瀟灑，見情於高大哉？」

傳李成的〈山水訣〉中亦謂：

「左右林麓，鋪陳不可太繁，繁則堆塞不舒。」

上述這些看法是繪畫史中虛實理論的濫觴，也可以說是畫家已經開始注意畫面上的「虛」的重要，其實，這正是山水畫要由實轉向虛的時代呼聲。

宋初山水畫，無疑是屬於「質實」的一路，然和隋唐壁畫相比，已有「留白」的趨向。猶如古埃及、西亞的壁畫一般，敦煌莫高窟302窟的人字坡兩側壁畫、303窟的「法華經變相」、172窟的唐代壁畫山水、61窟的壁畫五台山……等皆為布局塞滿的構圖法，唐人「明皇幸蜀圖」(見圖版二十四)(為後代摹本)及遼代「丹楓幼鹿圖」、「秋林群鹿圖」亦如此，即令有天空和水流，也是以重色塡滿的方法，幾乎不留任何空隙。

傳世的宋初山水，率皆實多虛少，特別是獨立的山水軸，主峯莫不居中，兩側近乎對稱，如范寬「谿山行旅圖」，巨然「秋山問道圖」（圖版二十五）及郭熙「早春圖」等皆如此，即令許道寧之「漁父圖」，亦保留了對稱遺意。

從北宋中後期開始，山水畫的主峯逐漸偏離畫幅中央，如傳爲荊浩的「匡廬圖」（見圖版二十六）、李公年的「山水軸」（見圖版二十七）等即如此。在橫巻中亦捨棄了對稱（如漁父圖）的手法，而採用均衡的佈局法，如宋人「江帆山市圖」、王詵「漁村小雪」（見圖二十八）、王希孟「千里江山」（見圖版二十九）等，凡主峯在左，則遠山在右，或近樹在左，遠山在右……。當主峯偏離畫幅中央之際，畫家也不得再採用正面性的表現法則，他們不再究心於山石的正面，而把他們的注意力轉移至山的側面，江兆申認爲：

「以上所談的兩幅軸（按：谿山行旅、萬壑松風），都是描寫山的正面，而這一幅軸（按：蕭照的山腰樓觀）（見圖版三十）卻在描繪山的側面（山的溪壑部份）。李唐的萬壑楓風圖，對於山的深度掌握得特別成功，對山的側面，表現得具體而深入，從這以後，畫家的注意力，由山的正面轉移至山的側面，可說是很自然的事。」

從山的正面移轉至山石的側面（斜面），北宋末以後的畫家普遍的隨著此一趨勢在轉變，直到「馬一角，夏半邊」，他們所收的景愈小，畫幅上的空白也愈多，完成了典型邊角取景的均衡樣式。

北宋末的格律詞派，不注重意象與神韻，只傾向於刻劃與寫眞，那種精巧工麗的古典作風正如繪畫中的青綠小景。而南宋馬夏山水的虛靈亦和當時詞壇的「清空」境界相符。南宋張炎論詞之最高境界爲「清空」，他說：

「詞要清空則古雅峭拔，質實則凝澀晦昧，姜白石詞如野雲孤飛，去留無迹……」

張炎的「清空」，是指能攝取事物的神裡而遺其外貌。此即化實爲虛，也就是化景物爲情思，反映在繪畫上的當然是避實寫虛，反映在生活上則是避開現實生活而引向空寂的心境。

從北宋中葉開始，與實的布局意念相隨的正面性法則，及主峯居中，左在近乎對稱的構圖特點就一步步地向虛的布局意念引渡。此後，畫面上下要留下許多空白，畫家轉由側面去描寫山石的形態，這一切轉變，在南宋的馬夏山水中終於完成。由實到虛，正是中國山水畫走向老莊思想的體現，老子所謂的「大象無形」，就是認爲「無」是「有」的根本，這種視形而上的「無」爲根本產的美學理想，注定了中國山水畫發展，要從有限的局部推知畫面以外的無窮意蘊。

在有限中體現出無限，也就是以一當十的典型化的方法，這種畫有盡而意無窮的觀念，早在郭熙時代就已提出，在蘇東坡、米芾等文人的理論中更明示了這種「象外」的要求，蘇軾在「送參廖師」一詩中說：

「欲令詩語妙，無厭空且靜，靜故了群動，空故納萬境。閱世走人間，觀身臥雲嶺。鹹酸雜衆好，中有至味永。」【註五十七】

蘇軾的崇尚空無，認爲虛靜和空無，更有助於意境的創造，這種看法乃是北宋末的文人美學主流思想。即令畫院中「竹鎖橋邊賣酒家」一類的詩題，也無不映證並說明著中國繪畫必定要從實走向虛。

第五節　宋代山水畫筆墨技法之轉變

早期中國繪畫中，山石樹林是作爲人物畫的背景，其筆法大抵和人物畫法相類，如東晉顧愷之的「女史箴圖」中的山石即以鐵線描（均匀流暢首尾一致）表現，較少輕重緩急，陰陽頓挫的用筆變化。唐代吳道子時代，逐漸有釘頭鼠尾描（下筆稍重，有快慢轉折的變化），如唐人「明皇幸蜀圖」，「春山行旅圖」已有部分釘頭鼠尾描的部出現，但仍以鐵線描爲主。此時山水，只能說是線條的勾勒而已。

從五代以後，凡是論山水畫，絕離不開「皴法」，皴法成爲辨認山水畫家的記號。五代的畫家，如荊浩所說：

「明日携筆，復就寫之，凡數萬本，方如其眞」【註五十八】

畫家們努力於寫生、觀察，從自然中學習模仿；不僅如此，他們復從機械的寫生模擬中歸納出山川結構的法則，不斷視察歸納的結果，「皴法」就出現了。此後的山水畫家，遂藉皴法來表現感受的意義，以合理而包涵豐富的線條來「具體而微」的形容大自然。

早期山水畫的線條較少變化，筆法單純，其中有一不可忽視的原因，即畫家當時是站著畫的，據張葱玉所指：

「唐宋以前，壁畫盛行，畫家們是站著畫的，就是在絹素上作畫，也多綳在框架上，立著來畫，像今天畫油畫似的。大約從宋代開始，將紙絹平鋪桌上的作畫方式才漸漸興起來。……這種立畫的用筆角度和手臂的力量與平畫不同，它的效果自然也就兩樣。」【註五十九】

由立畫至平畫，實際上也意味著繪畫已由巨視走向微視，畫家統攝全局的能力不免要爲局部的描寫所取代，以往拘謹沉著的用筆也要轉爲行雲流水般界的書法用筆；當然，皴法也由嘗試模擬而成爲固定的法則。

以「谿山行旅圖」而言，山巖的輪廓概以濃重勁利的墨線畫出，使山巖的稜角突兀堅硬，至於巖壁則以短直的線條乾擦而成，顯出巖壁粗厲細密的肌理（見圖版三十一），最後，在陰暗面略加渲染，增加山巖的厚度。所謂的「雨點皴」是出於遠觀後的印象，實際上的「皴法」並未成形，而只是刻意求眞的模擬而已，畫家看到什麼便畫什麼，那些焦墨逆筆乾擦的用筆，目的祇在描繪出山石的紋理，由於心無成法，使畫家所追索出的意象帶有方剛樸茂之美。

與范寬「谿山行旅圖」大約同時的還有傳燕文貴的「江山樓觀圖」（約西元一〇〇〇年左右）及稍後許道寧的「漁父圖」（約西元一〇五〇年左右），郭熙的「早春圖」（西元一〇七二年）……，這些作品都是勾輪廓、皴紋理，再加渲染來完成山石的描繪。而他們筆墨之不同，乃至於粗重而斷續的輪廓線條及濃重短促的墨筆逐漸濕潤並複雜化了，尤其是「早春圖」可視爲這種轉變的高峯，江兆申曾指出「早春圖」之用筆：

「早春圖……，山石輪廓的筆，凝重處寬度超過兩公分，煙中樹梢，纖細處不到二十分之一，用心用力，神謀手追，處處可以看出作者的苦心。皴筆也隨時變異，但求曲盡形容，初不究心於方法。所謂捲雲皴，祇出於觀者之意會，作者並未如此有心。」【註六十】

與以往短直勁利的墨線相比，「早春圖」是以扭曲的弧形筆劃，或長或短，或濃或淡，或乾或濕的皴筆（見圖版三十二）染出「變態不定」的山林狀態，自北宋中期以後，李郭畫系均長細細毫濕筆的運用，物體的輪廓線、皴筆和墨色渲染不再是那麼明確地分立，以往勾勒、皴、擦、染等複雜而有序的筆法漸被融成一體，北宋前期使用單純的線條而繁複地來形容物象的方法，最後也轉成使用複雜的線條而簡潔地來形容物象。

所謂線條（筆法）是中國繪畫最重要的要素之一，就山水畫而言，所指的應該是北宋末期線條開始複雜化以後的中國畫，北宋中期以前的山水畫，線條都很單純，之後慢慢獨立並突顯其本身的力量，馬夏山水之耐人尋味，線條的力量佔有決定性的作用；馬遠之顫筆，可以使那些簡單的邊角造景不令人感到貧乏。中國山水畫中的氣韻到了南宋，在客觀對象與主觀意興之外，又加入了「筆墨」的氣韻。

宋代山水畫筆墨技法的轉變，可以歸納出如下的發展：

①、行筆速度由慢而漸快，由沉穩而暢快。

②、線條由短直而漸長且富於變化，由單純而複雜。

③、皴筆由乾擦而濕染。由堅實而陰柔。

④、墨色由濃重而轉爲以淡墨爲主調，由沉鬱而簡淡。

中國山水畫由唐代青綠的，重著色的過渡到宋初的淺設色，再轉爲單色的、水墨的；猶如中國繪畫由宮廷裝飾藝術、民間宗教美術走向文人畫，說明著北宋末中國山水畫經歷了一次巨大的繪畫革命，而這個變革是與中國文化重心的南移一起生成的。

註釋

註一：見宋郭若虛撰「圖畫見聞誌」，文收「畫史叢書第一冊，文史哲出版社，卷二，論古今優劣，一六〇頁。

註二：見徐復觀著「中國藝術精神」，學生書局，第四章，二三七頁。

註三：引錄徐復觀，中國藝術精神，學生書局，第四章，二三八頁。

註四：見張彥遠撰「歷代名畫記」，文收「畫史叢書」第一冊，文史哲出版社，卷一，論畫山水樹石，二十頁。

註五：同註四，卷二，論顧陸張吳用筆，二五頁。

註六：同註四，卷九，唐朝上，一一四、一一五頁。

註七：同註四，卷九，唐朝上，一一二、一一三頁。

註八：是「宣和畫譜」、「畫史叢書」第一冊，文史哲出版，卷十，四七四頁。

註九：見五代荊浩撰「筆法記」，文收「中國畫論編」第五編，華正書局，第六〇八頁。

註十：同註二，二五六頁。

註十一：同註四，卷十，一二五頁。

註十二：同註四，卷十，一二一頁。
註十三：同註九，六〇七頁。
註十四：同註四，六〇八頁。
註十五：同註四，卷二，論畫體工用榻寫，二七頁。
註十六：同註八，四八一頁。
註十七：同註九，六〇五頁。
註十八：同註十七，六〇六頁。
註十九：同註十七，六〇六頁。
註二〇：同註十七，六〇五頁。
註廿一：同註一，一六五。
註廿二：同註十七，六〇六頁。
註廿三：同註十七，六〇七頁。
註廿四：同註十七，六〇八頁。
註廿五：同註二，三二八頁。
註廿六：見郭熙撰「林泉高致」，山水訓，文收「中國畫論類編」第五編，華正書局，六三二頁。

註廿七：見李澤厚著「美的歷程」，谷風出版，二二〇頁。

註廿八：同註二十六，畫意，六四〇頁。

註廿九：同註四，卷二，「論顧陸張吳用筆」，二十六頁。

註卅〇：同註二十六，畫意，六四〇頁。

註卅一：同註二十六，畫意，六四〇頁。

註卅二：同註二十六，山水訓，六三六頁。

註卅三：同註二十六，山水訓，六三五頁。

註卅四：同註二，三三四頁。

註卅五：同註二十六，山水訓，六三四頁。

註卅六：同註二十六，山水訓，六三九頁。

註卅七：同註二十六，畫訣，六四三頁。

註卅八：同註二十六「畫意」，六四〇頁。

註卅九：同註二十六，「畫意」，六四一頁。

註四〇：同註二十六，「畫意」，六四〇頁。

註四一：見歐陽文忠公文集，卷二，詩，「盤車圖」。
註四二：見宋、歐陽修「六一跋畫」，收於「中國畫論類編」第一編，華正書局，四十二頁。
註四三：見經進東坡文集事略，卷六十，「書黃子思詩集後」。
註四四：見「讀邵不疑學士詩卷杜挺之忽采因出示且伏高致輒書一時之語以奉呈」，「宛陵先生集」，卷四十六。
註四五：黃山谷「豫章黃先生文集」，卷二七。
註四六：見宋蘇軾撰「東坡論畫」，收於「中國畫論類編」第一編，華正書局，「淨因院畫記」，四七頁。
註四七：轉引自伯精「論山水畫」，學生書局出版，五十頁。
註四八：見宋、鄧椿撰，「畫繼雜説」，收於「中國畫論類編」第一編，華正書局，七十五、七十六頁。
註四九：見宋、黃休復撰「四格」，收於「中國畫論類編」華正書局，第三編，四〇五頁。
註五〇：同註四十九。
註五一：同註二·三一五頁。
註五二：見江兆申著，「雙谿讀畫隨筆」，故宮博物院出版，一〇七頁。

註五三：同註廿六，六四六頁。

註五四：江兆申著，双谿畫隨筆，一〇八、六〇九頁。

註五五：同註二，一一〇頁。

註五六：李澤厚著，「美的歷程」，谷風出版社，二三一頁。

註五七：見「四部叢刊」影宋本「集注分類東坡先生詩」，卷二十一。

註五八：荆浩著，「筆法記」，一五頁，「美術叢書」，第四卷第五輯。

註五九：張珩著，「中國書畫鑑定研究」中，南通圖書公司出版，四九頁。

註六〇：江兆申，「山鷓棘雀、早春與文會——談故宮三張宋畫」，故宮季刊十一卷第四期。

第六章 結論

藝術史亦如同一個有生命的機體，從誕生轉變，成熟到衰退，都自有其興衰的歷程，它和思想史、社會史、經濟史等種種因素有很深的聯繫，所以藝術風格的形成和轉變雖有一定的歷程，但卻不能獨立於歷史之外，由於史家站在各個不同的歷史角度來觀察美術風格的變遷，有關中國美術史的風格分期便出現了極為不同的論點。

滕固的〈中國美術史〉之風格分期為：

㈠、生長時期——漢以前。
㈡、混交時期——漢末至魏晉。
㈢、昌盛時代——隋唐、五代、宋。
㈣、沈滯時代——元、明、清。【註一】

滕氏的分期法是以「通史」來做為藝術史的基礎，並以客觀形象為認識的標準，故七百年來的中國繪畫才被視為衰退，沒落，後來俞劍華的〈中國繪畫史〉也大抵以此觀自把中國繪畫分爲期，這樣的看法已難爲現代的美術史學所接受。

鄭昶的〔中國畫學全史〕之風格分期爲：

㈠、實用時期——石器時代。

㈡、禮教時期——唐、漢、三代、秦漢。

㈢、宗教化時期——漢末至唐宋。

㈣、文學化時期——宋元以降至明清。【註二】

鄭氏的分期法顯然比滕固要恰當，從社會變遷的角度把繪畫風格和時代背景的關係連結在一起，美術史才不致於成爲美術的歷史而已。

羅越（Max Loehr）將中國繪畫略分爲三期：

㈠、非圖畫階段（遠古至漢初）——裝飾藝術。

㈡、圖畫史第一階段（漢至宋末）——形象性。

㈢、圖畫史第二階段（元——清末）——超形象。【註三】

羅氏的見解頗有意義，能由美術本身的變化來做爲分期的基礎，這是極富知性的詮釋法，比鄭昶的分期更能體現藝術的本質。

高木森則把中國繪畫分爲四大階段：

㈠、彩陶藝術。
㈡、裝飾藝術（一般也可以稱爲銅器藝術）。
㈢、現實藝術（自戰國至元初）。
㈣、寫意藝術（自北宋末至二十世紀初）。【註四】

高氏的分期其實與羅越的看法是相近的，但高氏在年代的劃分上顯然較能注意階段與階段之間相互重疊的現象，如北宋末，高氏猶視之爲現實藝術的古典第一期，卻也是寫意藝術的萌芽時期（高古期）【註五】。

宋代繪畫的發展，一直是中國美術史上最複雜，最多變的時代，其所以如此，正是院體畫與文人繪畫相互作用的結果，兩者之間雖然是大異其趣，但相輔相成之處可能更多。此所以院體畫和文人畫之間難以截然劃分的原因。

以王詵爲例，他的身份、地位是屬於宮庭貴族，他的交遊卻是屬於文人範圍。如今王詵名下的作品亦可分爲兩類，「烟江疊嶂」是屬於青綠小品（洞天清祿集）說「唐大小李將將始作金碧山水，其後王晉卿、趙大年、近日趙千里皆爲之」，王詵長於青綠山水不足爲奇，代表文人畫系統的蘇東坡屢爲王詵的青綠山水題跋就難以想像了，【註六】。

王詵文人風格作品以「漁村小雪」爲代表，可明顯見出李郭派的影響，如果我們換一個角度來想，則王詵名下之「金碧山水」中頗有些文人味，而「文人畫」中也頗具館閣體形式，而最重要的是，它們都正由形象走向「超形象」（見羅越的分期法）。

北宋是中國文化成熟而內斂的時期，遠離了魏晉的悲慘世界，那些虛幻的歌頌的宗教藝術當然要沒落，藝術走向現實是不可避免的，儒學之興不也具現了這種歷史現象。宋代理學乃士大夫懷抱理想的具體呈現，然而這種理想在北宋卻已由外而向內逐漸轉變，如同藝術也正由探究自然世界的「理」而轉向個人內心的「意」，北宋中期以來，中國文化的一切都正在轉變，美術中的客觀模擬、形式、色彩都正走向不同的兩極發展（寫實，寫意），不過，看似兩極，那條歷史的軌跡仍隱然可見，那是一條「南化」的必然路線。

在許多細辞的糾纏中尋出主線，有助於我們了解中國美術發展的生命力之所在，當然，藝術史發展中常有許多意外的現象出現，不要讓這些特殊的現象混淆了中國美術史的「正途」，才不致使中國美術史的主線含混不清，本文基於這個觀點所做之初步研究，願能為中國美術史的正確與完備，提供一些參考的價値。

註釋

註一：滕固〈中國美術史〉序言。
註二：鄭昶〈中國畫學全史〉序言。
註三：故宮博物院古畫討論會論文（一九七〇年）。
註四：高木森著〈五代北宋的繪畫〉，文史哲出版，第五頁。
註五：同前註，第七頁。
註六：見「烟江疊嶂」等圖之蘇跋〉。

參考文獻

一、中文書藉目錄

歷代名畫記　張彥遠　文史哲出版社（畫史叢書）
圖畫見聞誌　郭若虛　文史哲出版社（畫史叢書）
南宋院畫錄　厲鶚　文史哲出版社（畫史叢書）
圖繪寶鑑　夏文彥　文史哲出版社（畫史叢書）
宣和畫譜　撰人不詳　文史哲出版社（畫史叢書）
畫繼　鄧椿　文史哲出版社（畫史叢書）
書畫記　吳其貞　文史哲出版社
展子虔遊春圖考　詹前裕　精華出版社
馬遠繪畫之研究　高輝陽　文史哲出版社
宋元明清畫家年表　撰人不詳　文史哲出版社

中國歷代書畫篆刻家字號索引　編者不詳　文史哲出版社
宋代繪畫藝術成就之探討　蔡秋來　文史哲出版社
畫史　米芾　藝文印書館（美術叢書）
畫箋　屠隆　藝文印書館（美術叢書）
書畫史　陳輝承　藝文印書館（美術叢書）
妮古錄　陳繼儒　藝文印書館（美術叢書）
林泉高致　郭熙　藝文印書館（美術叢書）
雲煙過眼錄　周密　藝文印書館（美術叢書）
珊瑚畫繼　汪珂玉　藝文印書館（美術叢書）
珊瑚網畫法　汪珂玉　藝文印書館（美術叢書）
畫山水訣　李澄叟　藝文印書館（美術叢書）
畫錄廣遺　張澂　藝文印書館（美術叢書）
畫說　莫是龍　藝文印書館（美術叢書）
畫論　湯垕　藝文印書館（美術叢書）
畫品　李廌　藝文印書館（美術叢書）

南宋院畫錄補遺　厲鶚　藝文印書館（美術叢書）
宋史　脫脫　藝文印書館（廿五史）
中國名畫研究　李霖燦　藝文印書館
五代北宋的繪畫　高木森著　文史哲出版社印行
南宋社會生活史　馬德程譯　中國文化大學出版部印行
中國古代美學範疇　曾祖蔭　丹青圖書有限公司
山水純全集　韓拙　華正書局（中國畫論類編）
綜合十二忌　饒自然　華正書局（中國畫論類編）
畫旨　董其昌　華正書局（中國畫論類編）
論畫山水　盛大仁　華正書局（中國畫論類編）
談藝錄　伍蠡甫　商務印書館
中國美術史　大村西崖著陳彬龢譯　商務印書館
故宮博物院名畫之欣賞　鮑少游　商務印書館
鉨印通釋　那志良　商務印書館
夢溪筆談　沈括　商務印書館

中國繪畫史上下　俞劍方　商務印書館
中國畫史研究論集　李霖燦　商務印書館
中國美術史　馮振凱　藝術圖書公司
中國古代山水畫史的研究　傅抱石　藝術圖書公司
中國古畫與生活　宋宇　藝術圖書公司
中國宋元繪畫　何恭上　藝術圖書公司
宋代繪畫藝術成就之探研　蘇秋來　文史哲出版社
故宮書畫錄　國立故宮博物院
秘殿珠林石渠寶笈　國立故宮博物院
山水畫皴法苔點之研究　李霖燦　國立故宮博物院
雙谿讀畫隨筆　江兆申　國立故宮博物院
古代畫人談略　陳葆眞　國立故宮博物院
書畫書錄解題上下　余紹宋　中華書局
畫法要錄　余紹宋　中華書局
歷代著錄畫目上下　福開森　中華書局

參考文獻

中國繪畫史（上）　國立故宮博物院

中國畫史全集　鄭昶　中華書局

中國畫史研究　莊申　正中書局

中國畫史研究續集　莊申　正中書局

佩文齋書畫譜　清聖祖敕撰　新興書局

中國美術年表　傅抱石　中華藝林文物出版有限公司

中國名畫家叢書　撰人不詳　中國美術出版社

中國繪畫史導論　高準　新亞出版社

中國繪畫史　李渝譯　雄獅美術印行

中國藝術精神　徐復觀　學生書局

無山水畫　伯精等　學生書局

中華藝術史綱上中下　譚旦同主編　光復書局

中國藝術史論　譚旦同（講義）

中國畫家人名大辭典　孫堉　東方書局

中國繪畫理論　傅抱石

中國畫史評傳　呂佛庭　中國文化研究所
中國美術史論集　虞君質等　中國文化出版委員會
中國名畫家叢書　近人撰集　中國美術出版社
中華藝術叢論藝術類㈠沈尹默　文馨出版社
蘇東坡全集　蘇軾　世界書局
美術論集　中華學術院　華岡出版社
李成　李明明　雄獅圖書公司
國畫山水解析　傅抱石　天同出版社
唐宋畫家人名辭典　齊師白　新文豐出版社
歷代畫論名著彙編　世界書局
美的沉思　蔣勳　雄獅美術印行
藝術概論　虞君質　黎明文化事業公司
藝林叢考　翁同文　聯經出版事業公司
兩宋經濟重心的南移　張家駒　帛書出版社
兩宋畫院之研究　蔡秋來　嘉新水泥公司文化基金會

中國哲學小史　木鐸出版社
文藝心理學　朱光潛　開明書局
中國古代繪畫名品　石守謙等著　雄獅圖書股份有限公司
美的歷程　李澤厚著　谷風書局
中國文學發達史　台灣中華書局印行
中國史常識　弘文館出版

二、中文論文目錄

山水畫中點景人物的斷代研究　李霖燦　故宮季刊十三卷二期
故宮博物院的名畫寶藏　李霖燦　故宮季刊十三卷四期
十三世紀的三幅無名款山水故實畫上下　姜一涵　故宮季刊十三卷四期、十四卷一期
談故宮三張宋畫　江兆申　故宮季刊十一卷四期
女藏家皇姐大長公主－元代皇室書畫收藏史略㈠　傅申　故宮季刊十三卷一期
理學與藝術　錢穆　故宮季刊七卷四期

中國古畫討論會記實　胡賽蘭　故宮季刊五卷二期
山水畫結構之分析　方蘭著、羅列充譯　故宮季刊四卷一期
巨然存世畫蹟之比較研究　傅申　故宮季刊二卷二期
宋代文人之書畫評鑑　傅申　文化大學藝術研究所碩士論文
唐宋山水繪畫研究　陳英德　文化大學藝術研究所碩士論文
故宮九張宋畫之新發現　蘇瑞屏　文化大學藝術研究所論文
米氏雲山之研究　梁台生　文化大學藝術研究所碩士論文
宋畫水泉表現之研究　詹前裕　文化大學藝術研究所碩士論文
南宋馬遠山水畫　葉思芬　台大歷史研究所碩士論文
夏珪溪山清遠卷的筆法和章法　譚旦同　東吳大學中國藝術史集刊四卷
北宋繪畫思想初論　吳因明　新亞書院學術年刊三期
兩宋繪畫的探討　余城　中華文化復興月刊五卷九、十期
俯瞰推遠法　黃永川　中華文化復興月刊三卷八期
中古繪畫之概觀　袁德星　中華文化復興月刊五卷六期
論國畫風格的演變　尙達齊　大陸雜誌十三卷六、七期

金與南宋文人對中國繪畫之貢獻　蘇珊布施著、姜一涵譯大陸雜誌五四卷二期
談談國畫中的中鋒　漢寶德　聯合報
米芾其人及其書法　高輝陽　中國文化學院六十年六月
宋徽宗的書畫造詣　高仁俊　文星雜誌中國古藝術品赴美展覽專刊
赴美展覽名畫之甄選及其意義　莊尚嚴　文星雜誌社　中國古藝術品赴美展覽專刊（五十年四月二版）
宋代美術　黃君翁　中華文化出版委員會四十四十一月
李唐采薇圖卷　作者不詳　中國畫創刊號（一九五七）
李唐江山小景圖卷　陳士文　新亞生活（一九六〇年三月）
大斧劈的創始者李唐　方廷豪暢流雜誌（六十六年十一月）
從采薇圖看李唐的藝術成就　張安治　文物第七卷
李唐—一代畫師　作者不詳　藝文叢集（藝文印書館出版）

三・外文書籍論文目錄

宋元的繪畫　米澤嘉甫、島田修二郎編（平凡社）
李唐、馬遠、夏珪　鈴木敬　講談社
原色日本的美術　株式會社小學館
海外所在中國繪畫目錄　鈴木敬　東京大學文化研究所
Chinene Painting Onvald Siren，Percy Lund Humphries and Co，London
The Landscake Art of Li Tang Edwamds Richard ACASA，XII 1958
Standards of Quality in Northern Sung Paintdng ACAS XI 1957

圖版

圖版1　傳李成「寒林平野圖」

圖版2　傳李成「晴巒蕭寺圖」

圖版 3　許道寧「漁父圖」

圖版 4　郭熙「早春圖」

圖版5 宋徽宗「谿山秋色圖」

圖版 6　江帆山市圖局部

圖版 7　清明上河圖局部

圖版 8　趙大年「江鄉清夏圖」

圖版 9　大江浮玉圖

圖版10　馬遠「山徑春行圖」

圖版11　馬遠「踏歌圖」

圖版 12　李唐「萬壑松風圖」

圖版13　李唐「江山小景圖」

圖版 14　高桐院山水軸

圖版15　李唐之名款

圖版16　傳石恪「二祖調心圖」

圖版17　梁楷「潑墨仙人圖」

圖版18　傳牧谿「猿」

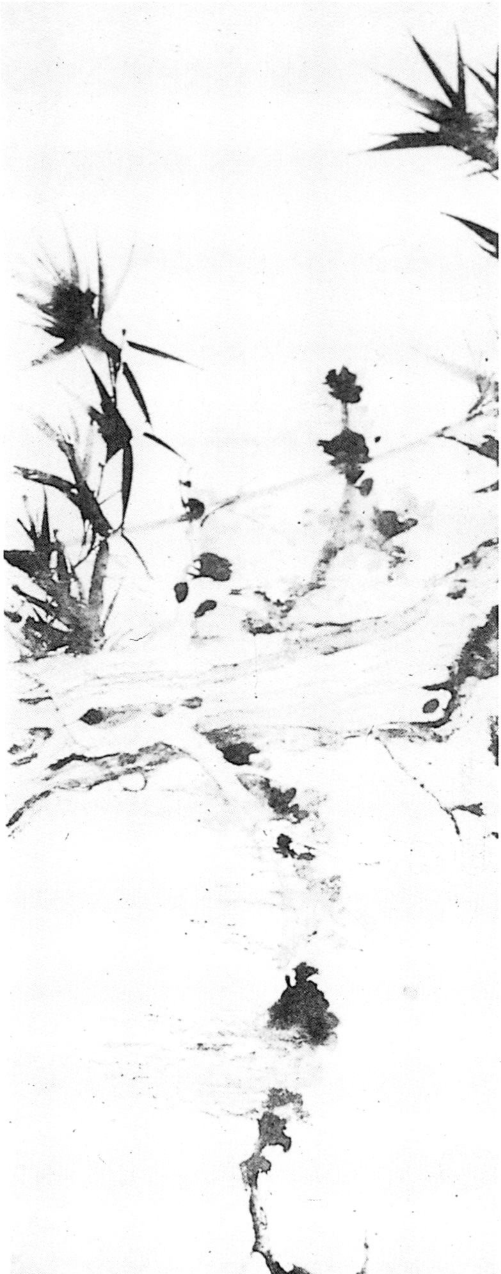

圖版 19　王庭筠「幽竹枯槎圖」

圖版20　馬王堆一號墓「非衣」

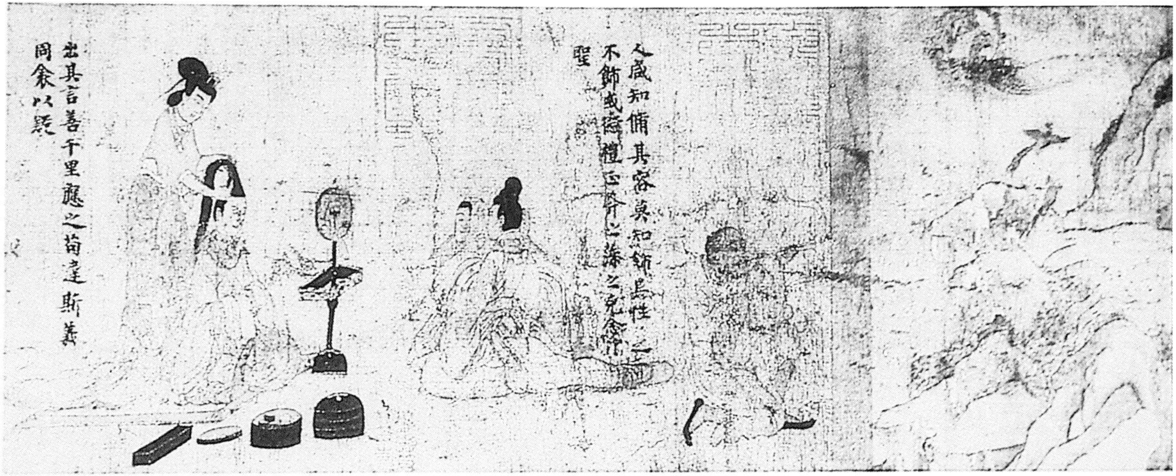

圖版21　顧愷之「女史箴圖」局部

圖版22　顧愷之「洛神賦圖」局部

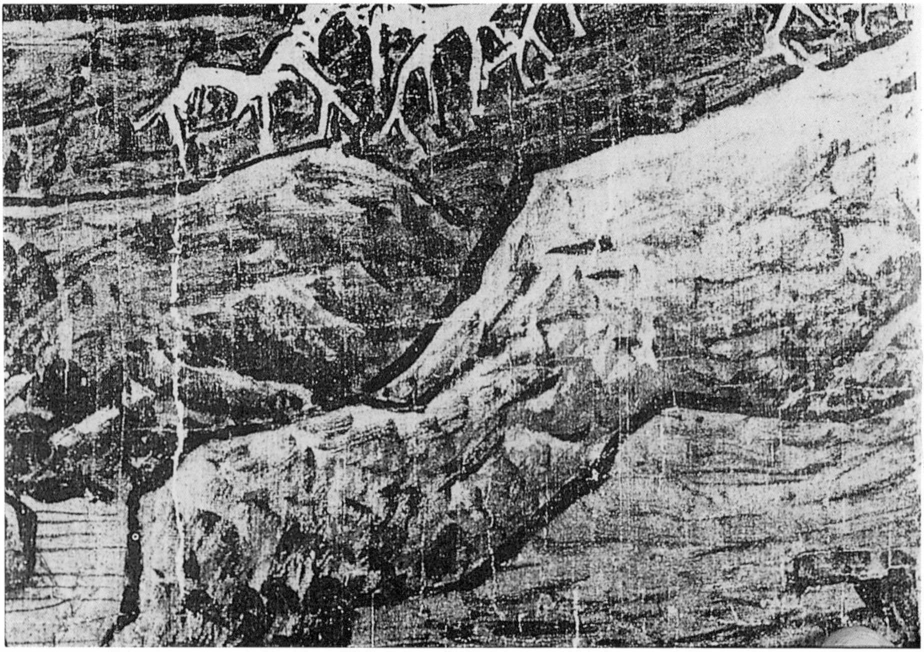

圖版23　「萬壑松風圖」之局部

圖版24　明皇幸蜀圖

圖版27　李公年「山水軸」

圖版25　巨然「秋山問道圖」

圖版26 傳荊浩「匡盧圖」

圖版28　王詵「漁村小雪」

圖版29　王希孟「千里江山」

圖版30　蕭照「山腰樓觀圖」

圖版31　「谿山行旅圖」之筆法

圖版32 「早春圖」之筆墨